GUSTAVO NOGUEIRA

PLANNER 2020

SEU OBJETIVO PLANEJADO PARA CONCURSOS
PÚBLICOS, PROVAS E EXAMES

EDITORA FOCO

2020 © Editora Foco
Autor: Gustavo Nogueira
Diretor Acadêmico: Leonardo Pereira
Editor: Roberta Densa
Assistente Editorial: Paula Morishita
Revisora Sênior: Georgia Renata Dias
Capa Criação: Leonardo Hermano
Diagramação: Ladislau Lima
Impressão miolo e capa: META BRASIL

] Dados Internacionais de Catalogação na Publicação (CIP) (Câmara Brasileira do Livro, SP, Brasil)

N778p   Nogueira, Gustavo
         Planner / Gustavo Nogueira. - Indaiatuba, SP : Editora Foco, 2020.
         420 p. ; 17cm x 24cm.
         Inclui índice e bibliografia.
         ISBN 978-85-8242-444-5
         1. Administração. 2. Planner. I. Título.

2020-72   CDD 658   CDU 65

Elaborado por Vagner Rodolfo da Silva – CRB-8/9410
Índices para Catálogo Sistemático:
1. Administração 658   2. Administração 65

DIREITOS AUTORAIS: É proibida a reprodução parcial ou total desta publicação, por qualquer forma ou meio, sem a prévia autorização da Editora FOCO, com exceção do teor das questões de concursos públicos que, por serem atos oficiais, não são protegidas como Direitos Autorais, na forma do Artigo 8º, IV, da Lei 9.610/1998. Referida vedação se estende às características gráficas da obra e sua editoração. A punição para a violação dos Direitos Autorais é crime previsto no Artigo 184 do Código Penal e as sanções civis às violações dos Direitos Autorais estão previstas nos Artigos 101 a 110 da Lei 9.610/1998. Os comentários das questões são de responsabilidade dos autores.

NOTAS DA EDITORA:
Atualizações e erratas: A presente obra é vendida como está, atualizada até a data do seu fechamento, informação que consta na página II do livro. Havendo a publicação de legislação de suma relevância, a editora, de forma discricionária, se empenhará em disponibilizar atualização futura.
Erratas: A Editora se compromete a disponibilizar no site www.editorafoco.com.br, na seção Atualizações, eventuais erratas por razões de erros técnicos ou de conteúdo. Solicitamos, outrossim, que o leitor faça a gentileza de colaborar com a perfeição da obra, comunicando eventual erro encontrado por meio de mensagem para contato@editorafoco.com.br. O acesso será disponibilizado durante a vigência da edição da obra.

Impresso no Brasil (01.2020) – Data de Fechamento (01.2020)

2020
Todos os direitos reservados à
Editora Foco Jurídico Ltda.
Rua Nove de Julho, 1779 – Vila Areal
CEP 13333-070 – Indaiatuba – SP
E-mail: contato@editorafoco.com.br
www.editorafoco.com.br

Planner 2020

Dados Pessoais

Nome: _____

Objetivo principal: _____

Prazo para ser alcançado: _____

Endereço: _____

_____

Celular: _____

Email: _____

Objetivo principal

Life is a journey, not a destination!

Sendo assim, para onde você está indo? Para onde você quer ir? Você vai deixar passar mais um ano em sua vida sem aproveitá-lo de forma correta? O bem mais valioso que você tem, é o tempo. Ou melhor: o que você faz do seu tempo! Você não planeja a sua viagem de férias? Ou você simplesmente sai de casa sem saber para onde está indo? Isso pode funcionar quando se decide ir ao supermercado, por exemplo. Apesar de ser uma tarefa cotidiana, você já decidiu algo importante: para onde você está indo! Mas como é algo que se faz "no automático", você não precisa traçar a rota, definir o caminho até chegar ao seu objetivo. Você simplesmente vai. É quase que intuitivo.

Mas a sua vida é MUITO MAIS do que uma ida ao supermercado, concorda?

Portanto é FUNDAMENTAL que você defina, com clareza, qual o seu principal objetivo! Se você não sabe para onde está indo, você simplesmente não sabe nem como chegar! Como se mira um alvo que não se vê?

Portanto é muito importante que você defina, na página anterior, qual o seu principal objetivo, que fica logo abaixo do seu nome não por acaso, mas sim porque a definição de um principal objetivo acaba definindo QUEM você é!

Após definir o seu objetivo, você já parou para pensar também COMO você estaria hoje se tivesse começado a planejar e executar os seus dias para realizar o seu objetivo, há 5 anos atrás? Se você pudesse ter começado em 2015? Nesse caso nem adianta buscar respostas porque o tempo não volta. Mas a excelente notícia é que você pode, em 2020, definir COMO você estará em 2025!

Essa agenda, projeto do Professor e Mentor Gustavo Nogueira, é muito mais do que uma simples agenda... As agendas "normais" são meros encadernados de folhas em branco onde anotamos nossos compromissos, mas que se tornam obsoletas e sem importância nenhuma quando chega o "ano novo". O *Planner*® é uma proposta inovadora para que você possa gerenciar o seu próprio tempo, tomando a consciência do uso que você está fazendo dele, e como ele pode trabalhar a seu favor para que você possa alcançar o seu PRINCIPAL OBJETIVO. A ideia nasceu a partir da MISSÃO pessoal do Professor e Mentor Gustavo Nogueira de ajudar o máximo de pessoas possíveis.

A proposta é que você tenha um *Planner*® até alcançar o seu principal objetivo. Tenha uma para cada ano que for necessário até alcançá-lo. Você verá que o melhor INVESTIMENTO que pode fazer é em VOCÊ MESMO(A).

Se você quer efetivamente ter o CONTROLE DA SUA VIDA, e não deixar que os acontecimentos controlem você, nós garantimos que essa agenda é para você!

Com o *Planner*® você terá uma visão mais global do tempo, e de como ele pode lhe beneficiar, a partir do momento em que você define o seu OBJETIVO PRINCIPAL. Se você confiar em mim e seguir os planos aqui propostos, verá como a sua vida terá se transformado antes mesmo que 2020 termine! Você irá adquirir mais consciência de si mesmo(a), mais autoconfiança, mais motivação e, como consequência natural, você poderá concentrar seus esforços na realização daquilo que mais importa para você!

Fale conosco

A Mentoria Para Estudos Jurídicos é um projeto liderado pelo Professor e Mentor Gustavo Santana Nogueira, que objetiva ajudar as pessoas a realizar o seu sonho, em especial na área do Direito (*Planner*). Está disponível em **liceuace.mykajabi.com/mentoria**.

Não hesite em fazer contato com a gente! Conte um pouco da sua experiência! Confirme-nos aquilo que já sabemos: que a sua vida se transformou!

Mande suas críticas, sugestões, elogios, comentários, etc. para sapgsn@gmail.com.

Visite nosso site: liceuace.com.br e www.editorafoco.com.br.

Estamos também nas redes sociais.

Twitter: @GSNog

Facebook: facebook.com/professorgustavonogueira

Instagram: @professorgustavonogueira

Consulte-nos para workshops, palestras e eventos!

Conheça Gustavo Nogueira

Gustavo é Promotor de Justiça – RJ e marido de Suzane Nogueira, além de pai de três lindos filhos. Participou de e concluiu 9 maratonas e 15 meias maratonas. Mestre em Direito pela UNESA e Doutor em Direito pela UERJ. É professor há 25 anos, possuindo larga experiência em concursos públicos, seja como concurseiro, seja como professor. Atualmente é também Mentor para estudos jurídicos. Ex- Defensor Público. Autor de livros na área de Direito Processual Civil. Escritor de vários artigos acadêmicos na mesma área. Palestrante na temática jurídica.

Carta Magna Familiar

Você sabe o que é a Carta Magna? É uma lei que foi elaborada em 1215, na Inglaterra, pelo Rei João-Sem-Terra, que assegura uma série de direitos fundamentais aos súditos da Coroa (na verdade, aos nobres...). Atualmente Carta Magna (ou Magna Carta) é sinônimo de Constituição, que é a LEI FUNDAMENTAL de um país. A Constituição de um país, como o Brasil, contém as nossas premissas básicas e fundamentais. A Constituição dita os rumos de um país!

O melhor é que você pode ter a sua própria lei fundamental, a CARTA MAGNA FAMILIAR! Nossa proposta para você é a seguinte: tudo o que estiver pré-ajustado e em concordância com a família (o seu núcleo principal), não gera conflitos! Imagina que bênção você poder dedicar tempo ao seu objetivo principal sem gerar conflitos com as pessoas que você ama? Imagina poder viver em um ambiente de paz, harmonia e tranquilidade? A saúde emocional é um passo fundamental para que você possa cumprir as metas necessárias e que o levará cada dia mais perto do seu principal objetivo. É mágica? Não! É compromisso: passa por você elaborar com a sua família a sua Carta Magna! Como todos vão participar da sua elaboração, haverá a democracia necessária para gerar o comprometimento mútuo!

Quer ver um exemplo? Nós decidimos que um dos artigos da nossa Carta Magna, ou seja, um dos compromissos que assumimos no cumprimento do papel de membros de uma família (você verá mais adiante o que dissemos sobre os "papéis") é o seguinte: durante as refeições, os celulares ficam afastados. Isso tem uma motivação nobre que a justifica, e que foi devidamente conversado por nós: as distrações da tecnologia moderna, facilmente acessíveis, estava roubando o tempo que tínhamos juntos para conversar sobre qualquer assunto, mesmo amenidades, e tirando nossa qualidade de vida, nossa convivência familiar. O celular estava roubando uma parte do casal!

Faça isso agora mesmo, o quanto antes, com as pessoas da sua família! E se eventualmente alguém descumprir o artigo, vocês se lembrarão do compromisso com muita facilidade!

Use um lápis ou lapiseira, para que você possa rever seus artigos fundamentais a qualquer tempo, ajustando-os à sua vida e das pessoas que você ama! O combinado não é caro nem barato, é apenas o combinado.

Carta Magna Familiar

Art. 1º. _____
_____
_____
_____

Art. 2º. _____
_____
_____
_____

Art. 3º. _____
_____
_____
_____

Art. 4º. _____
_____
_____
_____

Art. 5º. _____
_____
_____
_____

Art. 6º. _____
_____
_____
_____

Art. 7º. _____
_____
_____
_____

Art. 8º.

Art. 9º.

Art. 10.

2020

Janeiro

Sem	Dom	Seg	Ter	Qua	Qui	Sex	Sá
1				1	2	3	4
2	5	6	7	8	9	10	11
3	12	13	14	15	16	17	18
4	19	20	21	22	23	24	25
5	26	27	28	29	30	31	

1: Confraternização universal
03: Cresc 10: Cheia 17: Ming. 24: Nova

Fevereiro

Sem	Dom	Seg	Ter	Qua	Qui	Sex	Sá
5							1
6	2	3	4	5	6	7	8
7	9	10	11	12	13	14	15
8	16	17	18	19	20	21	22
9	23	24	25	26	27	28	29

17: Fim do horário de verão 25: Carnaval 26: Cinzas
01: Cresc 09: Cheia 15: Ming. 23: Nova

Março

Sem	Dom	Seg	Ter	Qua	Qui	Sex	Sá
10	1	2	3	4	5	6	7
11	8	9	10	11	12	13	14
12	15	16	17	18	19	20	21
13	22	23	24	25	26	27	28
14	29	30	31				

8: Dia Internacional da Mulher 20: Início do outono
02: Cresc 09: Cheia 16: Ming. 24: Nova

Abril

Sem	Dom	Seg	Ter	Qua	Qui	Sex	Sá
14				1	2	3	4
15	5	6	7	8	9	10	11
16	12	13	14	15	16	17	18
17	19	20	21	22	23	24	25
18	26	27	28	29	30		

10: Paixão de Cristo 12: Páscoa 19: Dia do Índio
21: Tiradentes 22: Descobrimento do Brasil
01: Cresc 07: Cheia 14: Ming. 22: Nova
30: Cresc

Maio

Sem	Dom	Seg	Ter	Qua	Qui	Sex	Sá
18						1	2
19	3	4	5	6	7	8	9
20	10	11	12	13	14	15	16
21	17	18	19	20	21	22	23
22	24	25	26	27	28	29	30
23	31						

1: Dia do Trabalho 10: Dia das mães
07: Cheia 14: Ming. 22: Nova 30: Cresc

Junho

Sem	Dom	Seg	Ter	Qua	Qui	Sex	Sá
23		1	2	3	4	5	6
24	7	8	9	10	11	12	13
25	14	15	16	17	18	19	20
26	21	22	23	24	25	26	27
27	28	29	30				

11: Corpus Christi 12: Dia dos Namorados
21: Início do inverno
05: Cheia 13: Ming. 21: Nova 28: Cresc

Julho

Sem	Dom	Seg	Ter	Qua	Qui	Sex	Sá
27				1	2	3	4
28	5	6	7	8	9	10	11
29	12	13	14	15	16	17	18
30	19	20	21	22	23	24	25
31	26	27	28	29	30	31	

05: Cheia 12: Ming. 20: Nova 27: Cresc

Agosto

Sem	Dom	Seg	Ter	Qua	Qui	Sex	Sá
31							1
32	2	3	4	5	6	7	8
33	9	10	11	12	13	14	15
34	16	17	18	19	20	21	22
35	23	24	25	26	27	28	29
36	30	31					

9: Dia dos Pais
03: Cheia 11: Ming. 18: Nova 25: Cresc

Setembro

Sem	Dom	Seg	Ter	Qua	Qui	Sex	Sá
36			1	2	3	4	5
37	6	7	8	9	10	11	12
38	13	14	15	16	17	18	19
39	20	21	22	23	24	25	26
40	27	28	29	30			

7: Independência do Brasil
22: Início da primavera
02: Cheia 10: Ming. 17: Nova 23: Cresc

Outubro

Sem	Dom	Seg	Ter	Qua	Qui	Sex	Sá
40					1	2	3
41	4	5	6	7	8	9	10
42	11	12	13	14	15	16	17
43	18	19	20	21	22	23	24
44	25	26	27	28	29	30	31

12: Nsa. Sra. Aparecida 15: Dia dos Professores
18: Início do horário de verão
01: Cheia 09: Ming. 16: Nova 23: Cresc
31: Cheia

Novembro

Sem	Dom	Seg	Ter	Qua	Qui	Sex	Sá
45	1	2	3	4	5	6	7
46	8	9	10	11	12	13	14
47	15	16	17	18	19	20	21
48	22	23	24	25	26	27	28
49	29	30					

2: Finados 15: Proclamação da República
19: Dia da Bandeira 20: Dia da Consciência Negra
08: Ming. 15: Nova 22: Cresc 30: Cheia

Dezembro

Sem	Dom	Seg	Ter	Qua	Qui	Sex	Sá
49			1	2	3	4	5
50	6	7	8	9	10	11	12
51	13	14	15	16	17	18	19
52	20	21	22	23	24	25	26
53	27	28	29	30	31		

21: Início do verão 25: Natal
07: Ming. 14: Nova 21: Cresc 30: Cheia

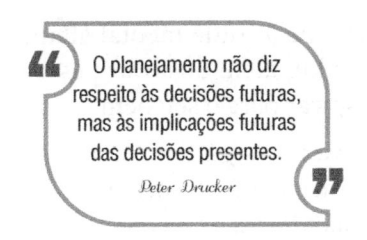

> *O planejamento não diz respeito às decisões futuras, mas às implicações futuras das decisões presentes.*
>
> Peter Drucker

Crie o hábito de ANOTAR tudo! *Think in paper!* Quando você anota suas tarefas, suas metas e seu objetivo, todo o universo conspira para que tudo dê certo! Aquilo que você sonha e não anota é apenas um sonho, mas quando você materializa o seu sonho em um pedaço de papel, o primeiro passo já foi dado!

Se organizar não é perda de tempo! Como dizia Pitágoras, "com organização e tempo, acha-se o segredo de fazer tudo e bem feito". Você verá que o hábito de se organizar em torno do seu principal objetivo irá fazer uma enorme diferença na sua vida!

Esse *Planner*® foi criado para que você possa anotar tudo aquilo que você planeja, para que você possa executar e realizar! Use e abuse desse planner, porque quando você alcançar o seu objetivo, você irá olhar para trás e ter a exata noção do caminho percorrido até ele! E carregue essa agenda sempre com você, onde quer que você vá!

Estando tudo anotado você poderá pautar a sua vida, o seu dia-a-dia, com o foco voltado para o seu objetivo! Use essa agenda constantemente, faça dela o DIÁRIO DO SEU SONHO, e você verá que coisas incríveis acontecerão!

Se eventualmente você ficar desanimado, poderá ainda folhear a agenda e ver as datas anteriores, tudo o que você já fez para alcançar o seu objetivo, e isso lhe ajudará a seguir em frente!

Seja qual for o seu objetivo profissional, comece imediatamente a planejar a sua VITÓRIA!

E lembre-se: SEJA FELIZ! Como dizia Gandhi, não há caminho para a felicidade, a felicidade é o caminho! Não espere ser feliz quando alcançar o seu objetivo. Seja feliz agora!

Muitas pessoas condicionam a felicidade ao alcance do seu principal objetivo. Não faça isso com você mesmo! Seja feliz agora! Tenha uma atitude mental altamente positiva todos os dias. Se você cultivar o hábito da atitude positiva, verá que será capaz de liberar uma energia fundamental para a caminhada rumo ao seu objetivo. Isso não é "achismo", é ciência, e o melhor de tudo é que todos podem cultivar o hábito da positividade.

Se você tem uma fé, como nós temos a nossa, verá que as Escrituras já falavam dessa atitude mental positiva, bem como outros escritos religiosos. Portanto comece já!

Todos nós passamos por circunstâncias boas e ruins, agradáveis e desagradáveis, nas nossas vidas, porém a FELICIDADE é interna, ela não pode depender de fatores externos. E se você cultivar uma atitude mental altamente positiva, será capaz de gerar boas energias ao seu redor, além de atrair pessoas que compartilham da sua positividade, e tudo irá conspirar para o seu bem.

A atitude mental positiva não significa manter um sorriso no rosto 24hs por dia, 7 dias por semana, mas sim encarar de forma positiva absolutamente TODOS os acontecimentos da vida. É não deixar as adversidades lhe derrubarem, lhe tirarem do caminho rumo à sua vitória. É, além disso, usar as adversidades a seu favor, como experiência vivida que lhe trará benefícios futuros. A história é repleta de vencedores que superaram as mais diversas adversidades, como o caso do Walt Disney, que foi demitido do seu emprego porque não tinha "imaginação", veja você. Porém... a história também é repleta de anônimos que deixaram se abater pelas adversidades e JAMAIS conquistaram os seus objetivos. Quem são essas pessoas? Não seja uma delas!

Dicas para a elaboração das suas metas

SMARTER – em inglês, MAIS INTELIGENTE. Suas metas devem ser SMARTER.

S – **specific**. Ela deve ser a mais específica possível. Evite metas genéricas, como "estudar em alto nível".

M – **measurable**. Ela deve ser mensurável, o que lhe ajudará a fazer o seu próprio feedback.

A – **actionable**. Deve ser passível de ações. Defina uma meta que você seja capaz de realizar.

R – **risky**. Ela deve ser arriscada. Você precisa se empurrar para além da zona de conforto (é onde a "mágica" acontece), mas sem entra na zona de delírio, fixando metas irreais.

T – **time-keyed**. Defina um tempo para sua meta. Metas sem prazo são sempre adiadas para amanhã.

E – **exciting**. Sua meta precisa ser emocionante. Ponha emoção nas suas metas simplesmente linkando as mesmas com o seu objetivo principal.

R – **relevant**. A sua meta vai te dar direção para chegar ao seu objetivo. Daí a pergunta: diante do seu objetivo, aquela meta é relevante?

Seus papéis

É muito importante saber que papéis você desempenha em sua vida, para que você tenha uma exata noção de como está distribuindo o seu tempo entre eles. Todos nós temos diversos papéis, mas muitos de nós não temos a consciência disso, o que causa perda de tempo, esgotamento físico e mental, etc. Você verá a enorme diferença que fará em sua vida o simples ato de definir os papéis, para que, a partir dessa definição, você possa (re)organizar sua vida toda.

Por exemplo: você é um indivíduo, precisa de tempo para se dedicar a atividades que proporcionem o seu bem-estar, como exercícios físicos. Você é membro de uma família (filho(a)/pai/mãe/marido/esposa), e precisa se organizar para desempenhar esse papel. Você também é estudante? Funcionário público? Empregado na iniciativa privada? Todos nós temos muitos papéis, e não podemos simplesmente negligenciar os demais porque o nosso objetivo principal está focado em um papel...

Com essa mentalidade definida, e – principalmente – com os papéis escritos de forma clara e coerente, a organização do seu tempo pode priorizar o papel que o levará a alcançar o seu objetivo, sem que para isso você precise magoar pessoas que são fundamentais na sua vida e, em última análise, você mesmo.

Defina os seus papéis o quanto antes!

E sugerimos que você faça isso mensalmente, para que você tenha a possibilidade de alterar o que eventualmente precisar ser adaptado às circunstâncias da vida!

Com esse simples hábito você evita uma série de transtornos, problemas e situações que podem por tudo a perder. Por exemplo: você considera de sucesso uma pessoa de 40 anos que alcança o seu objetivo de ser dono de uma empresa líder no mercado? Era o seu objetivo, ele traçou metas, planejou e o alcançou, digamos, em 10 anos. Certamente você diria que sim, ainda mais se esse objetivo proporcionou a essa pessoa – hipotética – uma situação financeira extremamente confortável.

Mas e se inserirmos alguns elementos extras? Por exemplo: o casamento dessa pessoa simplesmente ruiu porque esse homem simplesmente ignorou a sua esposa para alcançar o seu objetivo? Se os filhos desse homem nem o conhecem de verdade e vice-versa? Imagine que essas crianças sequer vejam o pai, não tendo momentos de lazer com ele? E se esse pai perdeu toda a infância dos filhos? Agora imagine que esse homem esteja enfrentando, aos 40 anos, gravíssimos problemas de saúde, tabagismo e/ou alcoolismo, por força do estilo de vida autodestrutivo que ele levou para alcançar o seu objetivo?

Você continua achando realmente que esse homem tem sucesso? No aspecto profissional e financeiro pode-se dizer que sim, mas a vida é só isso ou o EQUILÍBRIO é fundamental? Você pagaria ESSE PREÇO – ou até um mais caro ainda – para esse tipo de "sucesso"?

Definir seus papéis é muito importante na sua caminhada, para que nenhum deles seja negligenciado a ponto de ofuscar o brilho que você vai alcançar nos demais papéis.

Meus papéis

1 _____

2 _____

3 _____

4 _____

5 _____

6 _____

7 _____

8 _____

9 _____

10 _____

Agenda mensal de metas

Após a definição do seu **principal objetivo**, e dos seus **papéis**, defina aqui os passos necessários (metas), mês a mês, que o levarão a alcançá-lo no prazo definido.

Sugerimos que aqui você defina as suas metas seguindo o modelo **SMARTER** e dividindo o processo de criação delas com as pessoas que mais importam para você. Você verá que se formará uma **SINERGIA ALTAMENTE POSITIVA** em torno das suas metas, além de você estabelecer sobre si próprio uma cobrança positiva no sentido de alcançá-las! Quando as pessoas que lhe são mais caras participam dos seus projetos, e percebem que você está engajado em realizá-los, elas poderão lhe dar sugestões de aperfeiçoamento – não descarte nenhuma experiência vivenciada pelas suas pessoas queridas! – além de incentivarem você a cumprir essas metas!

O poder da **SINERGIA ALTAMENTE POSITIVA** vai surpreender você!

JAN	FEV	MAR	ABR	MAI	JUN

JUL	AGO	SET	OUT	NOV	DEZ

2021

Janeiro

Sem	Dom	Seg	Ter	Qua	Qui	Sex	Sá
1						1	2
2	3	4	5	6	7	8	9
3	10	11	12	13	14	15	16
4	17	18	19	20	21	22	23
5	24	25	26	27	28	29	30
6	31						

1: Confraternização universal
06: Ming. 13: Nova 20: Cresc 28: Cheia

Fevereiro

Sem	Dom	Seg	Ter	Qua	Qui	Sex	Sá
6		1	2	3	4	5	6
7	7	8	9	10	11	12	13
8	14	15	16	17	18	19	20
9	21	22	23	24	25	26	27
10	28						

16: Carnaval 17: Cinzas 22: Fim do horário de verão
04: Ming. 11: Nova 19: Cresc 27: Cheia

Março

Sem	Dom	Seg	Ter	Qua	Qui	Sex	Sá
10		1	2	3	4	5	6
11	7	8	9	10	11	12	13
12	14	15	16	17	18	19	20
13	21	22	23	24	25	26	27
14	28	29	30	31			

8: Dia Internacional da Mulher 20: Início do outono
05: Ming. 13: Nova 21: Cresc 28: Cheia

Abril

Sem	Dom	Seg	Ter	Qua	Qui	Sex	Sá
14					1	2	3
15	4	5	6	7	8	9	10
16	11	12	13	14	15	16	17
17	18	19	20	21	22	23	24
18	25	26	27	28	29	30	

2: Paixão de Cristo 4: Páscoa 19: Dia do Índio
21: Tiradentes 22: Descobrimento do Brasil
04: Ming. 11: Nova 20: Cresc 27: Cheia

Maio

Sem	Dom	Seg	Ter	Qua	Qui	Sex	Sá
18							1
19	2	3	4	5	6	7	8
20	9	10	11	12	13	14	15
21	16	17	18	19	20	21	22
22	23	24	25	26	27	28	29
23	30	31					

1: Dia do Trabalho 9: Dia das mães
03: Ming. 11: Nova 19: Cresc 26: Cheia

Junho

Sem	Dom	Seg	Ter	Qua	Qui	Sex	Sá
23			1	2	3	4	5
24	6	7	8	9	10	11	12
25	13	14	15	16	17	18	19
26	20	21	22	23	24	25	26
27	27	28	29	30			

3: Corpus Christi 12: Dia dos Namorados
21: Início do inverno
02: Ming. 10: Nova 18: Cresc 24: Cheia

Julho

Sem	Dom	Seg	Ter	Qua	Qui	Sex	Sá
27					1	2	3
28	4	5	6	7	8	9	10
29	11	12	13	14	15	16	17
30	18	19	20	21	22	23	24
31	25	26	27	28	29	30	31

01: Ming. 09: Nova 17: Cresc 23: Cheia
31: Ming.

Agosto

Sem	Dom	Seg	Ter	Qua	Qui	Sex	Sá
32	1	2	3	4	5	6	7
33	8	9	10	11	12	13	14
34	15	16	17	18	19	20	21
35	22	23	24	25	26	27	28
36	29	30	31				

8: Dia dos Pais
08: Nova 15: Cresc 22: Cheia 30: Ming.

Setembro

Sem	Dom	Seg	Ter	Qua	Qui	Sex	Sá
36				1	2	3	4
37	5	6	7	8	9	10	11
38	12	13	14	15	16	17	18
39	19	20	21	22	23	24	25
40	26	27	28	29	30		

7: Independência do Brasil
22: Início da primavera
06: Nova 13: Cresc 20: Cheia 28: Ming.

Outubro

Sem	Dom	Seg	Ter	Qua	Qui	Sex	Sá
40						1	2
41	3	4	5	6	7	8	9
42	10	11	12	13	14	15	16
43	17	18	19	20	21	22	23
44	24	25	26	27	28	29	30
45	31						

12: Nsa. Sra. Aparecida 15: Dia dos Professores
17: Início do horário de verão
06: Nova 13: Cresc 20: Cheia 28: Ming.

Novembro

Sem	Dom	Seg	Ter	Qua	Qui	Sex	Sá
45		1	2	3	4	5	6
46	7	8	9	10	11	12	13
47	14	15	16	17	18	19	20
48	21	22	23	24	25	26	27
49	28	29	30				

2: Finados 15: Proclamação da República
19: Dia da Bandeira 20: Dia da Consciência Negra
04: Nova 11: Cresc 19: Cheia 27: Ming.

Dezembro

Sem	Dom	Seg	Ter	Qua	Qui	Sex	Sá
49				1	2	3	4
50	5	6	7	8	9	10	11
51	12	13	14	15	16	17	18
52	19	20	21	22	23	24	25
53	26	27	28	29	30	31	

21: Início do verão 25: Natal
04: Nova 10: Cresc 19: Cheia 26: Ming.

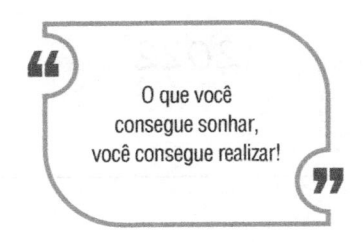

> "O que você consegue sonhar, você consegue realizar!"

Planejamento anual

Escreva aqui o que você sonha para a sua vida nos anos descritos, em todos os aspectos que você considera importantes: emocional, financeiro, espiritual, profissional, familiar, etc.

Como você estará em ...

2021

Profissional _____

Emocional _____

Financeiro _____

Espiritual _____

Familiar _____

2022

Profissional _____

Emocional _____

Financeiro _____

Espiritual _____

Familiar _____

2023

Profissional _____

Emocional _____

Financeiro _____

Espiritual _____

Familiar _____

2024

Profissional _____

Emocional _____

Financeiro _____

Espiritual _____

Familiar _____

2025

Profissional _____

Emocional _____

Financeiro _____

Espiritual _____

Familiar _____

Planejamento semanal

Quando você anota as suas tarefas com 1 semana de antecedência, você visualiza melhor as atividades que precisa cumprir para alcançar não só a sua meta, mas também o seu objetivo a longo prazo!

Sinta-se à vontade para redimensionar o seu planejamento semanal quando necessário, adequando-o aos imprevistos do dia-a-dia, mas não deixe de focar no seu objetivo principal. Uma das vantagens do planejamento semanal, que você pode fazer no domingo, por exemplo, é a possibilidade de alterar o que você imaginou poder fazer sem ficar triste ou decepcionado consigo mesmo.

Por exemplo: você planejou fazer aquele resumo que estava pendente na 5ª feira, mas aconteceu um imprevisto e você teve que assumir um compromisso inadiável... Sabendo com antecedência que a elaboração do resumo não poderá ser feita na 5ª feira, você pode se reorganizar e conseguir outro espaço para essa atividade.

Se o seu planejamento for feito diariamente, você será um bom administrador de crises emergenciais, ou seja, aqueles problemas que precisam ser resolvidos "amanhã sem falta". Com o planejamento semanal você não ficará totalmente livre das crises emergenciais, mas verá na prática como elas diminuirão consideravelmente, e mesmo quando elas aparecerem, você poderá usar a flexibilidade do agendamento semanal a seu favor.

Gerenciamento das suas atividades no tempo
Aprenda a dizer não ou agora não

Agora que você já definiu seu OBJETIVO PRINCIPAL, sua CARTA MAGNA, seus PAPÉIS e suas METAS, é preciso **AGIR**. Sair da inércia. Pôr em prática tudo aquilo que você desenhou para o seu futuro. O *Planner*® vai lhe ajudar, porém a única pessoa que vai efetivamente fazer algo por você é... VOCÊ.

"Não tenho tempo" é uma frase recorrente como desculpa para algo que não foi feito. Mas como algumas pessoas têm tempo e outras não quando o dia tem exatas 24hs para todos nós? O que você faz do seu tempo? Você está satisfeito com a quantidade (e qualidade) de tempo que passa com sua família? Você está satisfeito com o tempo que dedica ao seu principal objetivo? Pare um pouco e reflita sobre essa questão tão importante: o tempo!

Aqui nós vamos lhe fornecer algumas dicas de gerenciamento do seu tempo...

Primeiro vamos a uma premissa fundamental → a distribuição do seu tempo precisa ser COERENTE com seu objetivo principal, sua Carta Magna, seus papéis e suas metas. Voltando à questão da televisão... Seu objetivo principal é se tornar um crítico profissional de minisséries, e viver em função disso, ganhando inclusive um salário mensal com essa atividade? Ótimo! Então você deve elaborar a sua agenda PRORIZANDO o seu tempo para assistir todas as minisséries possíveis e se tornar extremamente BOM e COMPETENTE naquilo que você está se propondo a alcançar! Mas se o seu objetivo passa longe disso, então é hora de rever seus conceitos, e sugerimos que você faça isso não amanhã, mas AGORA!

APRENDA A DIZER NÃO OU AGORA NÃO às atividades que NÃO IRÃO contribuir para o seu principal objetivo! Você precisa estabelecer as suas PRIORIDADES, → fazer a sua agenda em torno delas. Se você gerenciar correta e adequadamente o seu tempo, com disciplina, você poderá continuar tendo as diversões que mais lhe agradam, sem prejuízo daquilo que você mais deseja!

Portanto vamos às primeiras dicas, que até agora estão descritas nesse *Planner*®.

1º Anote tudo! Use essa agenda para anotar absolutamente todas as suas metas, seus compromissos, suas tarefas, enfim, tudo mesmo!

2º Estabeleça prioridades! Depois que você definiu seu objetivo, seus papéis, sua Carta Magna, suas metas, organize-as de acordo com as prioridades.

3º Divida as suas tarefas diárias, aquelas que compõem as suas metas, voltadas para o seu objetivo em categorias. Basicamente são 3 os tipos de tarefas: urgentes, importantes, não urgentes e não importantes.

Urgentes: são aquelas tarefas que você precisa fazer. Não pode procrastinar, pois é algo que precisa ser feito. Imagina o seu celular apitando porque alguma notificação de rede social apareceu, ou uma mensagem naquele famoso aplicativo de conversa instantânea. Você consegue conviver com seu celular apitando o tempo todo? E se for alguma ligação? Você não fica tentado a ver o que é e quem é? E aquele trabalho na faculdade que você precisa entregar amanhã? Ou você vai, quando chegar o amanhã, culpar a impressora por não tê-lo feito?

Você sabia que grande parte das tarefas urgentes se tornam urgentes porque não houve um planejamento prévio adequado ou simplesmente porque as pessoas preferem deixar as tarefas ficarem "urgentes" para ter a falsa sensação de dever cumprido? Há medidas simples que você pode tomar para diminuir as "urgências"...

Importantes: essas tarefas são aquelas que mais contribuem para o seu objetivo principal, e mesmo quando fazem parte das metas traçadas para o seu objetivo, quando você tem uma visão global do tempo, e do que você faz do seu tempo, você consegue identificá-las. O paradoxo é que essas tarefas são geralmente postergadas, porque elas não são – ainda... – urgentes! Por que precisamos deixar aquilo que é importante ficar também urgente para começarmos a agir? Não tem lógica, concordam? Não vale aquele velho clichê de que "brasileiro deixa tudo para a última hora". Se você quer alcançar o seu sucesso, precisa fazer algo diferente da média! Não deixe o que é importante se tornar urgente para que você tenha que cumprir a tarefa. Se você tem um trabalho para entregar "amanhã" na faculdade, é muito difícil que essa tarefa lhe tenha sido dada "ontem". Provavelmente você negligenciou a tarefa enquanto ela era "só" importante, e deixou-a virar urgente e importante. Sabe qual é o problema? Se você cumpre uma tarefa urgente e importante, você sente alívio. Se você cumpre a tarefa importante antes que ela fique urgente, você sente satisfação.

Aqui podemos inserir também as atividades que lhe trazem bem-estar físico, mental e espiritual, como fazer o seu exercício físico preferido, ler um bom livro, fortalecer a sua fé, fazer o bem, etc.

A satisfação melhora a sua autoestima, a sua capacidade de produzir, a sua noção de tempo, e, além disso, lhe dá o controle da sua vida! Foque as atividades importantes antes que elas se tornem urgentes! Como? Usando essa agenda a partir das nossas dicas.

Nem urgente, nem importante: são atividades que literalmente acarretam uma enorme perda de tempo. Essas sugam o seu tempo, elas drenam a sua energia, elas lhe tiram do foco, elas lhe causam danos enormes em longo prazo. Mas elas têm um problema... São – às vezes – agradáveis. De acordo com o nosso objetivo podemos definir exatamente as tarefas que estão aqui nessa categoria. Você já parou para pensar, e colocar no papel, o tempo que você gasta com suas redes sociais? Quanto tempo você gasta para saber o que fulano ou beltrano está dizendo, pensando ou se sentindo naquele momento? E o tempo gasto assistindo televisão? Vendo notícias na internet de minuto em minuto? A internet é uma bênção ou uma maldição, e o melhor é que cabe a VOCÊ decidir o que ela representa na sua vida.

4º Depois que você estabeleceu as prioridades, por exemplo, liste-as no seu planejamento semanal. As atividades mais importantes para a realização do seu objetivo principal são a sua prioridade! Na verdade elas são prioridades na proporção do seu desejo em realizar aquele objetivo! Portanto elas são atividades de categoria "1". Se você tiver mais de uma tarefa que seja altamente prioritária, estabeleça entre elas a prioridade. Tarefas 1.1, 1.2, 1.3, etc. A partir do momento que você organizou a sua agenda semanal (você está organizando a sua própria vida) em função do seu objetivo principal, você pode passar ao planejamento das atividades da categoria "2". E da mesma forma proceder à organização quando você verificar que há mais de uma atividade nessa categoria: 2.1, 2.2, 2.3, etc. Isso lhe dará senso de organização, disciplina, foco e, acima de tudo, fará você perceber que a cada dia você está dando um passo rumo ao seu objetivo! Sem esse planejamento você não tem essa percepção e é mais fácil desanimar. Ah! Não se esqueça... Não passe para uma atividade 2.2, por exemplo, se ainda resta uma atividade 1.3 para ser cumprida. A prioridade precisa ser respeitada!

5º Aprenda a dizer NÃO ou AGORA NÃO! As atividades que não são nem urgentes nem importantes não só podem, mas DEVEM ser a sua última prioridade. Cabe a VOCÊ decidir se quer fazer o que todo mundo faz, e não contribui em NADA para o seu objetivo, ou se você quer fazer o que é PRECISO fazer para realizar o seu sonho. Se você tem uma pessoa que você admira em sua vida, alguém que seja um "exemplo", porque já conseguiu o mesmo que você está lutando para conseguir, pode ter certeza de que essa pessoa não passou a sua vida com tarefas que não são nem urgentes e nem importantes. Tenha certeza disso!

Estamos quase certos, aliás, que nem o Mark Zuckerberg passa tanto tempo no Facebook quanto muitos de nós, mas temos conhecimento, por exemplo, que Bill Gates limitava o uso do computador (para distrações!) a x horas por dia para os seus filhos...

Antes que uma "tentação" recaia sobre você, pense em tudo o que você escreveu na sua agenda, seu objetivo, seus valores, etc. e aprenda a dizer um sincero NÃO ou um AGORA NÃO para essas atividades que não vão contribuir para o seu SUCESSO! Afinal, VOCÊ, e somente VOCÊ, tem o controle da sua vida, e o que você faz HOJE, dirá exatamente o que você será AMANHÃ! É a famosa e infalível LEI DA SEMEADURA!

Não estamos propondo que você renuncie às coisas que lhe dão prazer, mas sim propondo que você organize o seu tempo em função das suas prioridades, voltadas para o seu objetivo principal, sem ofender os princípios e valores expostos na sua Carta Magna Familiar. É simples. Faça coisas que não são nem urgentes, nem importantes, mas faça com moderação, parcimônia e inteligência! Se você organizar suas tarefas para a semana, certamente terá um tempo livre para fazer aquilo que lhe agrada. O que você não pode – caso queira mesmo o seu objetivo – é lotar a sua agenda de atividades nem importantes e nem urgentes.

Não tenha medo de dizer NÃO ou AGORA NÃO... Você certamente já fez uso dessas palavras incontáveis vezes na sua vida, para tarefas urgentes e importantes. O que você agora irá fazer é dizer NÃO ou AGORA NÃO para aquilo que realmente merece.

6º Tenha bom senso! Não vale a pena você fazer um planejamento semanal extremamente rígido, onde você seja praticamente cronometrado em tudo o que faz. O Planner® foi feito para ser seu escravo, e não você escravo dele. Ele lhe serve, e não o contrário. Portanto seja realista nas suas listas de tarefas, faça ajustes sempre, se adapte a novas habilidades que você vai adquirindo a partir do seu aperfeiçoamento pessoal e profissional. A visão global do tempo é uma poderosa ferramenta a ser utilizada em seu favor!

7º Pessoas não são coisas! Lidar com pessoas não é o mesmo que lidar com tarefas! Não use o seu Planner® para tratar as pessoas, e sim as coisas a serem feitas por você. Por exemplo: se o seu cônjuge está com um problema qualquer, e precisa conversar com você, não diga a ele "tenho 15 minutos na minha agenda", porque o seu cônjuge não é uma tarefa, é uma pessoa, e é parte da sua Carta Magna Familiar! Muitos cometem o erro de dizer "não tenho tempo" para pessoas, inclusive para os filhos! Pensamos ser errado dizer isso a uma criança que pede ajuda com um trabalho escolar... Na verdade ela pode estar querendo a sua atenção, a sua presença, e o trabalho escolar é um pretexto para ter você por perto.

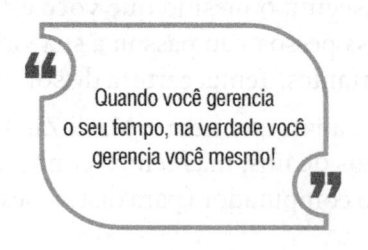

> "Quando você gerencia o seu tempo, na verdade você gerencia você mesmo!"

Autorreflexão

Como dizia John Lennon, "se o homem buscasse conhecer-se a si mesmo primeiramente, metade dos problemas do mundo estariam resolvidos." Se você buscar conhecer a si mesmo, verá o quão verdadeira é essa máxima, que na verdade é um princípio filosófico dos mais antigos. Aristóteles já dizia que "conhecer a si mesmo é o começo de toda a sabedoria."

No entanto as atribulações da vida moderna estão nos afastando cada vez mais... de nós mesmos! Você já parou para pensar no tempo que dedica ao autoconhecimento, à autorreflexão? Sabemos muitas coisas, mas não sabemos o mais importante: quem somos? Essa simples pergunta de uma importância enorme, é uma das mais difíceis de responder! Sabemos o que queremos (objetivo principal), sabemos como iremos alcançar, sabemos o que fazemos, sabemos nossa comida preferida, etc. Mas... QUEM é você?

Sugerimos então que você faça diariamente um poderoso exercício. "Ah... diariamente?" Sim! Diariamente! Até se tornar um hábito! É um exercício transformador, e fará de você uma pessoa melhor. Melhor porque o autoconhecimento proporciona tantas maravilhas que você irá perceber quase que imediatamente!

Todos os dias, no final do dia de preferência, você pode se propor a anotar 6 coisas muito simples: seus 3 acertos e seus 3 erros do dia.

A autorreflexão começa quando você percebe o que fez de certo e de errado... Todos os dias nós perdemos essa oportunidade maravilhosa de iniciar um aprendizado que é muito útil para o nosso crescimento enquanto seres humanos!

Na vida cometemos muitos erros, mas também acertamos outras tantas vezes! Amanda Chakur diz que "evoluir é reconhecer nossos erros. Não para consertá-los. Mas para não repeti-los." Para reconhecer nossos erros precisamos ter a consciência deles! Após adquirirmos a consciência, que pode vir da forma como as pessoas mais próximas à gente dão seu feedback, pode vir do fato de alguma coisa não ter saído exatamente como queríamos, enfim, a percepção de que cometemos um erro pode estar à nossa volta... Mas ter a consciência do erro não é suficiente: é preciso refletir para não voltar a cometê-los. Podemos aprender muito com nossos erros para melhorarmos! Então que tal começar a anotar os erros cometidos durante o dia? Que tal olhar para eles e refletir? Que tal tirar deles lições valiosas para o futuro? Muitas vezes não podemos alterar o que fizemos, mas podemos fazer algo para que tal erro não venha a se repetir! Faça disso um hábito e você verá o poder transformador!

Mas não só de erros vive o homem... De acertos também! Só focar no negativo passa uma sensação que não é muito positiva: uma sensação de fracasso e estagnação! Se podemos aprender com nossos erros, para não cometê-los novamente, podemos aprender com nossos acertos, para repeti-los e aperfeiçoá-los! A mesma percepção que a prática do hábito nos dá em relação ao erro, nos dá em relação ao acerto. Vejam quanto poder tem o simples hábito da anotação e da reflexão sobre si mesmo!!!

Organize hoje amanhã

Priorizar é a diferença entre estar ocupado e ser produtivo(a), porque são coisas distintas. Estar ocupado não é a mesma coisa que ser produtivo(a). Às vezes você está ocupado(a) com tarefas que não representam nada para o seu objetivo final. Ou seja, você não está sendo produtivo(a) na busca do teu objetivo, você está apenas ocupado(a). Essa atividade de priorização, que se chama "organize amanhã hoje", consiste no seguinte: escreva no seu *Planner®* todo dia. Escreva porque a anotação diz para o seu cérebro que a tarefa é importante e precisa ser feita. Então você vai anotar tarefas do dia seguinte hoje. Entenderam a ideia? Organize amanhã hoje. Você vai anotar todo dia as três coisas mais importantes que você tem que fazer no dia seguinte. Repare: não é fazer tudo, não é tudo que você tem para fazer, são apenas três coisas importantes. De preferência, claro, as mais importantes que você precisa fazer ao longo do dia. Essa lista é muito simples de ser feita diariamente, porque três tarefas simples, coisas que funcionam como parte do todo, e não o todo. De preferência tarefas importantes e não urgentes!

Janeiro

Janeiro – 2020

SEMANA 1

To Do – tarefas

			4ªf. 01	5ªf. 02	6ªf. 03	Sáb. 04
Dom. 05	2ªf. 06	3ªf. 07	4ªf. 08	5ªf. 09	6ªf. 10	Sáb. 11
Dom. 12	2ªf. 13	3ªf. 14	4ªf. 15	5ªf. 16	6ªf. 17	Sáb. 18
Dom. 19	2ªf. 20	3ªf. 21	4ªf. 22	5ªf. 23	6ªf. 24	Sáb. 25
Dom. 26	2ªf. 27	3ªf. 28	4ªf. 29	5ªf. 30	6ªf. 31	

ACREDITAMOS NO PODER DO RABISCO!

Rabisque aqui tudo o que você quiser!

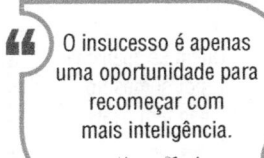

> O insucesso é apenas uma oportunidade para recomeçar com mais inteligência.
> *Henry Ford*

Janeiro

1
quarta

7	
7:30	
8	
8:30	
9	
9:30	
10	
10:30	
11	
11:30	
12	
12:30	
13	
13:30	
14	
14:30	
15	
15:30	
16	
16:30	
17	
17:30	
18	
18:30	
19	
19:30	
20	
20:30	
21	
21:30	
22	
Meus erros	
Meus acertos	

Organize hoje amanhã
1.
2.
3.

2
quinta

Janeiro

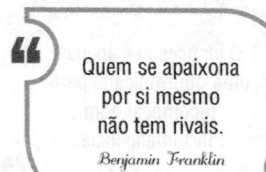

> "Quem se apaixona por si mesmo não tem rivais."
> *Benjamin Franklin*

7	
7:30	
8	
8:30	
9	
9:30	
10	
10:30	
11	
11:30	
12	
12:30	
13	
13:30	
14	
14:30	
15	
15:30	
16	
16:30	
17	
17:30	
18	
18:30	
19	
19:30	
20	
20:30	
21	
21:30	
22	
Meus erros	
Meus acertos	

Organize hoje amanhã
1
2
3

> Definir um objetivo é o ponto de partida de toda a realização.
> Mark Twain

Janeiro

3
sexta

7	
7:30	
8	
8:30	
9	
9:30	
10	
10:30	
11	
11:30	
12	
12:30	
13	
13:30	
14	
14:30	
15	
15:30	
16	
16:30	
17	
17:30	
18	
18:30	
19	
19:30	
20	
20:30	
21	
21:30	
22	
Meus erros	
Meus acertos	

Organize hoje amanhã
1 ...
2 ...
3 ...

4 sábado

Janeiro

> "Se você fizer o que sempre fez, vai ter o que sempre teve."
> — Tony Robbins

7
7:30
8
8:30
9
9:30
10
10:30
11
11:30
12
12:30
13
13:30
14
14:30
15
15:30
16
16:30
17
17:30
18
18:30
19
19:30
20
20:30
21
21:30
22
Meus erros
Meus acertos

Organize hoje amanhã
1
2
3

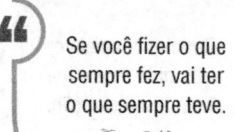

> O começo é importante
> e a consistência
> é fundamental.
> Bruno Perin

Janeiro

5
domingo

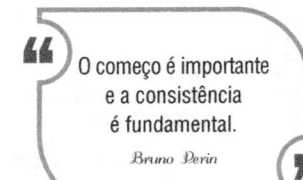

7	
7:30	
8	
8:30	
9	
9:30	
10	
10:30	
11	
11:30	
12	
12:30	
13	
13:30	
14	
14:30	
15	
15:30	
16	
16:30	
17	
17:30	
18	
18:30	
19	
19:30	
20	
20:30	
21	
21:30	
22	
Meus erros	
Meus acertos	

Organize hoje amanhã

1 ....
2 ....
3 ....

6
segunda

Janeiro

> "O tempo é o que nós mais queremos, mas o que pior usamos.
> — *William Penn*"

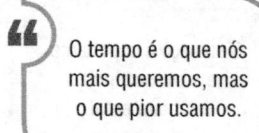

7	
7:30	
8	
8:30	
9	
9:30	
10	
10:30	
11	
11:30	
12	
12:30	
13	
13:30	
14	
14:30	
15	
15:30	
16	
16:30	
17	
17:30	
18	
18:30	
19	
19:30	
20	
20:30	
21	
21:30	
22	
Meus erros	
Meus acertos	

Organize hoje amanhã

1 ....
2 ....
3 ....

> "Tudo o que você precisa como capital, para alcançar o triunfo, é uma mente sã e um corpo são."
> — Napoleon Hill

Janeiro

7
terça

Horário	
7	
7:30	
8	
8:30	
9	
9:30	
10	
10:30	
11	
11:30	
12	
12:30	
13	
13:30	
14	
14:30	
15	
15:30	
16	
16:30	
17	
17:30	
18	
18:30	
19	
19:30	
20	
20:30	
21	
21:30	
22	
Meus erros	
Meus acertos	

Organize hoje amanhã
1
2
3

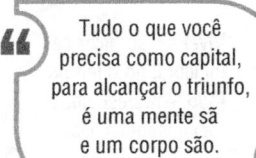

8
quarta

Janeiro

> "Viver é isso: ficar se equilibrando o tempo todo, entre escolhas e consequências."
> *Sartre*

7	
7:30	
8	
8:30	
9	
9:30	
10	
10:30	
11	
11:30	
12	
12:30	
13	
13:30	
14	
14:30	
15	
15:30	
16	
16:30	
17	
17:30	
18	
18:30	
19	
19:30	
20	
20:30	
21	
21:30	
22	
Meus erros	
Meus acertos	

Organize hoje amanhã
1.
2.
3.

> "O universo não tem nenhuma obrigação de fazer sentido para você"
> *Neil Degrasse*

Janeiro

9 *quinta*

7

7:30

8

8:30

9

9:30

10

10:30

11

11:30

12

12:30

13

13:30

14

14:30

15

15:30

16

16:30

17

17:30

18

18:30

19

19:30

20

20:30

21

21:30

22

Meus erros

Meus acertos

Organize hoje amanhã

1

2

3

10
sexta

Janeiro

> "Nossas dúvidas são traidoras e nos fazem perder o que, com frequência, poderíamos ganhar, por simples medo de arriscar."
> *William Shakespeare*

Horário	
7	
7:30	
8	
8:30	
9	
9:30	
10	
10:30	
11	
11:30	
12	
12:30	
13	
13:30	
14	
14:30	
15	
15:30	
16	
16:30	
17	
17:30	
18	
18:30	
19	
19:30	
20	
20:30	
21	
21:30	
22	
Meus erros	
Meus acertos	

Organize hoje amanhã

1.
2.
3.

> O homem superior atribui a culpa a si próprio; o homem comum aos outros.
> *Confúcio*

Janeiro

11 sábado

7	
7:30	
8	
8:30	
9	
9:30	
10	
10:30	
11	
11:30	
12	
12:30	
13	
13:30	
14	
14:30	
15	
15:30	
16	
16:30	
17	
17:30	
18	
18:30	
19	
19:30	
20	
20:30	
21	
21:30	
22	
Meus erros	
Meus acertos	

Organize hoje amanhã
1.
2.
3.

12
domingo

Janeiro

> "Eu sou um cérebro, Watson. O resto é mero apêndice."
> — Sherlock Holmes

7
7:30
8
8:30
9
9:30
10
10:30
11
11:30
12
12:30
13
13:30
14
14:30
15
15:30
16
16:30
17
17:30
18
18:30
19
19:30
20
20:30
21
21:30
22
Meus erros
Meus acertos

Organize hoje amanhã
1
2
3

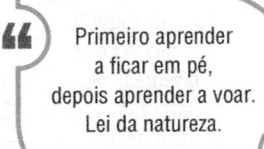

> Primeiro aprender a ficar em pé, depois aprender a voar. Lei da natureza.
> *Senhor Miyagi*

Janeiro

13
segunda

7	
7:30	
8	
8:30	
9	
9:30	
10	
10:30	
11	
11:30	
12	
12:30	
13	
13:30	
14	
14:30	
15	
15:30	
16	
16:30	
17	
17:30	
18	
18:30	
19	
19:30	
20	
20:30	
21	
21:30	
22	

Meus erros

Meus acertos

Organize hoje amanhã
1
2
3

14
terça

Janeiro

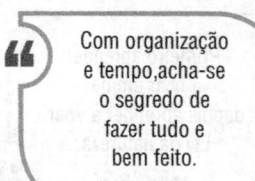

> "Com organização e tempo, acha-se o segredo de fazer tudo e bem feito.
> *Pitágoras*

7	
7:30	
8	
8:30	
9	
9:30	
10	
10:30	
11	
11:30	
12	
12:30	
13	
13:30	
14	
14:30	
15	
15:30	
16	
16:30	
17	
17:30	
18	
18:30	
19	
19:30	
20	
20:30	
21	
21:30	
22	
Meus erros	
Meus acertos	

Organize hoje amanhã

1 ....
2 ....
3 ....

> "Sábio é aquele que conhece os limites da própria ignorância."
> *Sócrates*

Janeiro

15
quarta

7	
7:30	
8	
8:30	
9	
9:30	
10	
10:30	
11	
11:30	
12	
12:30	
13	
13:30	
14	
14:30	
15	
15:30	
16	
16:30	
17	
17:30	
18	
18:30	
19	
19:30	
20	
20:30	
21	
21:30	
22	
Meus erros	
Meus acertos	

Organize hoje amanhã
1 ....
2 ....
3 ....

16
quinta

Janeiro

> "O que vale na vida não é o ponto de partida e sim a caminhada. Caminhando e semeando, no fim terás o que colher."
> *Cora Coralina*

7
7:30
8
8:30
9
9:30
10
10:30
11
11:30
12
12:30
13
13:30
14
14:30
15
15:30
16
16:30
17
17:30
18
18:30
19
19:30
20
20:30
21
21:30
22
Meus erros
Meus acertos

Organize hoje amanhã

1
2
3

> Somos o que pensamos. Tudo o que somos surge com nossos pensamentos. Com nossos pensamentos, fazemos o nosso mundo.
> — Buda

Janeiro

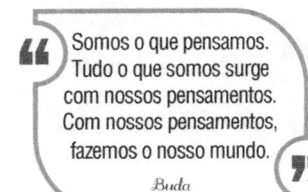

17
sexta

7	
7:30	
8	
8:30	
9	
9:30	
10	
10:30	
11	
11:30	
12	
12:30	
13	
13:30	
14	
14:30	
15	
15:30	
16	
16:30	
17	
17:30	
18	
18:30	
19	
19:30	
20	
20:30	
21	
21:30	
22	
Meus erros	
Meus acertos	

Organize hoje amanhã

1.
2.
3.

18
sábado

Janeiro

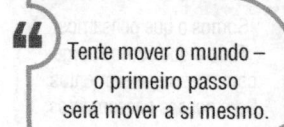

> "Tente mover o mundo – o primeiro passo será mover a si mesmo."
> — Platão

7	
7:30	
8	
8:30	
9	
9:30	
10	
10:30	
11	
11:30	
12	
12:30	
13	
13:30	
14	
14:30	
15	
15:30	
16	
16:30	
17	
17:30	
18	
18:30	
19	
19:30	
20	
20:30	
21	
21:30	
22	
Meus erros	
Meus acertos	

Organize hoje amanhã
1 ....
2 ....
3 ....

> Mentir para si mesmo é sempre a pior mentira.
> — Renato Russo

Janeiro

19 *domingo*

7	
7:30	
8	
8:30	
9	
9:30	
10	
10:30	
11	
11:30	
12	
12:30	
13	
13:30	
14	
14:30	
15	
15:30	
16	
16:30	
17	
17:30	
18	
18:30	
19	
19:30	
20	
20:30	
21	
21:30	
22	
Meus erros	
Meus acertos	

Organize hoje amanhã
1
2
3

20 segunda

Janeiro

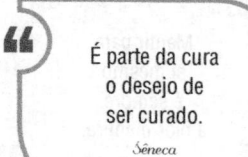

> "É parte da cura o desejo de ser curado."
> — Sêneca

- 7
- 7:30
- 8
- 8:30
- 9
- 9:30
- 10
- 10:30
- 11
- 11:30
- 12
- 12:30
- 13
- 13:30
- 14
- 14:30
- 15
- 15:30
- 16
- 16:30
- 17
- 17:30
- 18
- 18:30
- 19
- 19:30
- 20
- 20:30
- 21
- 21:30
- 22
- Meus erros
- Meus acertos

Organize hoje amanhã
1
2
3

> Às vezes ouço passar o vento;
> e só de ouvir
> o vento passar,
> vale a pena ter nascido.
>
> — Fernando Pessoa

Janeiro

21
terça

7	
7:30	
8	
8:30	
9	
9:30	
10	
10:30	
11	
11:30	
12	
12:30	
13	
13:30	
14	
14:30	
15	
15:30	
16	
16:30	
17	
17:30	
18	
18:30	
19	
19:30	
20	
20:30	
21	
21:30	
22	
Meus erros	
Meus acertos	

Organize hoje amanhã

1 ....
2 ....
3 ....

22
quarta

Janeiro

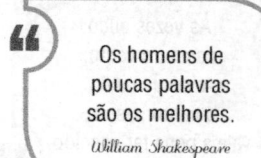

> "Os homens de poucas palavras são os melhores."
> *William Shakespeare*

7	
7:30	
8	
8:30	
9	
9:30	
10	
10:30	
11	
11:30	
12	
12:30	
13	
13:30	
14	
14:30	
15	
15:30	
16	
16:30	
17	
17:30	
18	
18:30	
19	
19:30	
20	
20:30	
21	
21:30	
22	
Meus erros	
Meus acertos	

Organize hoje amanhã
1.
2.
3.

> "A preguiça anda tão devagar, que a pobreza facilmente a alcança."
> — Benjamin Franklin

Janeiro

23 *quinta*

7	
7:30	
8	
8:30	
9	
9:30	
10	
10:30	
11	
11:30	
12	
12:30	
13	
13:30	
14	
14:30	
15	
15:30	
16	
16:30	
17	
17:30	
18	
18:30	
19	
19:30	
20	
20:30	
21	
21:30	
22	

Meus erros

Meus acertos

Organize hoje amanhã

1.
2.
3.

24
sexta

Janeiro

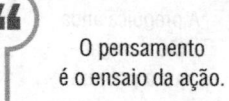

> O pensamento é o ensaio da ação.
> *Sigmund Freud*

7
7:30
8
8:30
9
9:30
10
10:30
11
11:30
12
12:30
13
13:30
14
14:30
15
15:30
16
16:30
17
17:30
18
18:30
19
19:30
20
20:30
21
21:30
22

Meus erros

Meus acertos

Organize hoje amanhã

1
2
3

> *Sofrer, é só uma vez; vencer, é para a eternidade.*
> — Soren Kierkegaard

Janeiro

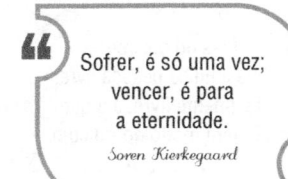

25
sábado

7	
7:30	
8	
8:30	
9	
9:30	
10	
10:30	
11	
11:30	
12	
12:30	
13	
13:30	
14	
14:30	
15	
15:30	
16	
16:30	
17	
17:30	
18	
18:30	
19	
19:30	
20	
20:30	
21	
21:30	
22	
Meus erros	
Meus acertos	

Organize hoje amanhã

1 ....
2 ....
3 ....

26
domingo

Janeiro

> "Mas eu desconfio que a única pessoa livre, realmente livre, é a que não tem medo do ridículo."
> — Luis Fernando Veríssimo

7	
7:30	
8	
8:30	
9	
9:30	
10	
10:30	
11	
11:30	
12	
12:30	
13	
13:30	
14	
14:30	
15	
15:30	
16	
16:30	
17	
17:30	
18	
18:30	
19	
19:30	
20	
20:30	
21	
21:30	
22	
Meus erros	
Meus acertos	

Organize hoje amanhã
1 ....
2 ....
3 ....

> Independentemente das circunstâncias, você terá mais chances de ser bem-sucedido e feliz assumindo responsabilidade de tomar boas decisões, em vez de reclamando daquilo que está fora do seu controle.
> Ray Dalio

Janeiro

27
segunda

7	
7:30	
8	
8:30	
9	
9:30	
10	
10:30	
11	
11:30	
12	
12:30	
13	
13:30	
14	
14:30	
15	
15:30	
16	
16:30	
17	
17:30	
18	
18:30	
19	
19:30	
20	
20:30	
21	
21:30	
22	
Meus erros	
Meus acertos	

Organize hoje amanhã
1.
2.
3.

28 terça

Janeiro

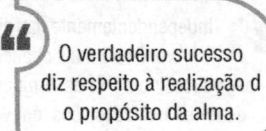

> "O verdadeiro sucesso diz respeito à realização do propósito da alma."
> *Sri Prem Baba*

- 7
- 7:30
- 8
- 8:30
- 9
- 9:30
- 10
- 10:30
- 11
- 11:30
- 12
- 12:30
- 13
- 13:30
- 14
- 14:30
- 15
- 15:30
- 16
- 16:30
- 17
- 17:30
- 18
- 18:30
- 19
- 19:30
- 20
- 20:30
- 21
- 21:30
- 22
- Meus erros
- Meus acertos

Organize hoje amanhã

1.
2.
3.

> Com a força de um moinho, que trabalha devagar, vai buscar o teu caminho, nunca olha para trás.
>
> *Engenheiros do Hawaii*

Janeiro

29
quarta

7	
7:30	
8	
8:30	
9	
9:30	
10	
10:30	
11	
11:30	
12	
12:30	
13	
13:30	
14	
14:30	
15	
15:30	
16	
16:30	
17	
17:30	
18	
18:30	
19	
19:30	
20	
20:30	
21	
21:30	
22	
Meus erros	
Meus acertos	

Organize hoje amanhã

1 ....
2 ....
3 ....

30
quinta

Janeiro

> "Não se preocupe com o resultado da sua ação, basta dar atenção à ação em si."
>
> Eckart Tolle

7

7:30

8

8:30

9

9:30

10

10:30

11

11:30

12

12:30

13

13:30

14

14:30

15

15:30

16

16:30

17

17:30

18

18:30

19

19:30

20

20:30

21

21:30

22

Meus erros

Meus acertos

Organize hoje amanhã

1

2

3

> "Sua aprovação em um concurso público depende não só do que você faz, mas também do que você não faz."
> — Gustavo Nogueira

Janeiro

31 sexta

- 7
- 7:30
- 8
- 8:30
- 9
- 9:30
- 10
- 10:30
- 11
- 11:30
- 12
- 12:30
- 13
- 13:30
- 14
- 14:30
- 15
- 15:30
- 16
- 16:30
- 17
- 17:30
- 18
- 18:30
- 19
- 19:30
- 20
- 20:30
- 21
- 21:30
- 22
- Meus erros
- Meus acertos

Organize hoje amanhã

1 ....
2 ....
3 ....

> "Concurso público é para pessoas comuns, com uma vontade incomum."
> *Gustavo Nogueira*

Revisão das metas
Janeiro 2020

CUMPRIDAS

_____
_____
_____
_____
_____
_____
_____
_____
_____

AINDA NÃO CUMPRIDAS

_____
_____
_____
_____
_____
_____
_____
_____
_____

Janeiro 2020

Qual a sua sensação a respeito das metas cumpridas? Como você se sente vendo-as alcançadas?

_____
_____
_____
_____
_____
_____
_____
_____
_____

Qual a sua sensação a respeito das metas não cumpridas? Como você se sente vendo-as não sendo alcançadas? Por quê você não conseguiu cumpri-las? O que você – e somente você – pode fazer para mudar isso?

_____
_____
_____
_____
_____
_____
_____
_____
_____

Fevereiro

Fevereiro – 2020

SEMANA 1

To Do – tarefas

							Sáb. 01
Dom. 02	2ªf. 03	3ªf. 04	4ªf. 05	5ªf. 06	6ªf. 07	Sáb. 08
Dom. 09	2ªf. 10	3ªf. 11	4ªf. 12	5ªf. 13	6ªf. 14	Sáb. 15
Dom. 16	2ªf. 17	3ªf. 18	4ªf. 19	5ªf. 20	6ªf. 21	Sáb. 22
Dom. 23	2ªf. 24	3ªf. 25	4ªf. 26	5ªf. 27	6ªf. 28	Sáb. 29

ACREDITAMOS NO PODER DO RABISCO!

Rabisque aqui tudo o que você quiser!

> "Sua mente deve ser como um cômodo com muitas janelas abertas. Deixe a brisa entrar por todas elas, mas não se deixe levar."
> *Ghandi*

Fevereiro

1 *sábado*

7	
7:30	
8	
8:30	
9	
9:30	
10	
10:30	
11	
11:30	
12	
12:30	
13	
13:30	
14	
14:30	
15	
15:30	
16	
16:30	
17	
17:30	
18	
18:30	
19	
19:30	
20	
20:30	
21	
21:30	
22	
Meus erros	
Meus acertos	

Organize hoje amanhã
1 ....
2 ....
3 ....

2
domingo

Fevereiro

> "Conhece-te a ti mesmo."
> *Sócrates*

Hora	
7	
7:30	
8	
8:30	
9	
9:30	
10	
10:30	
11	
11:30	
12	
12:30	
13	
13:30	
14	
14:30	
15	
15:30	
16	
16:30	
17	
17:30	
18	
18:30	
19	
19:30	
20	
20:30	
21	
21:30	
22	
Meus erros	
Meus acertos	

Organize hoje amanhã

1 _____
2 _____
3 _____

> **Genialidade é esforço.**
> *Goethe*

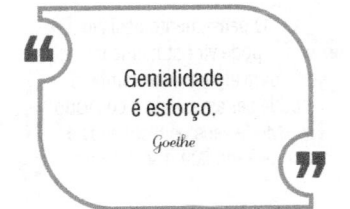

Fevereiro

3
segunda

Hora	
7	
7:30	
8	
8:30	
9	
9:30	
10	
10:30	
11	
11:30	
12	
12:30	
13	
13:30	
14	
14:30	
15	
15:30	
16	
16:30	
17	
17:30	
18	
18:30	
19	
19:30	
20	
20:30	
21	
21:30	
22	
Meus erros	
Meus acertos	

Organize hoje amanhã
1 ....
2 ....
3 ....

4 terça

Fevereiro

> "O pensamento positivo pode vir naturalmente para alguns, mas também pode ser aprendido e cultivado. Mude seus pensamentos e você mudará o seu mundo."
>
> *Norman Vincent Peale*

7
7:30
8
8:30
9
9:30
10
10:30
11
11:30
12
12:30
13
13:30
14
14:30
15
15:30
16
16:30
17
17:30
18
18:30
19
19:30
20
20:30
21
21:30
22

Meus erros
Meus acertos

Organize hoje amanhã

1 ....
2 ....
3 ....

> "O planejamento não lida com decisões futuras, mas com o futuro de decisões presentes."
> — Peter Drucker

Fevereiro

5 *quarta*

Hora	
7	
7:30	
8	
8:30	
9	
9:30	
10	
10:30	
11	
11:30	
12	
12:30	
13	
13:30	
14	
14:30	
15	
15:30	
16	
16:30	
17	
17:30	
18	
18:30	
19	
19:30	
20	
20:30	
21	
21:30	
22	

Meus erros

Meus acertos

Organize hoje amanhã
1
2
3

6
quinta

Fevereiro

> *Ler é beber e comer. O espírito que não lê emagrece como o corpo que não come.*
> — Victor Hugo

Horário	
7	
7:30	
8	
8:30	
9	
9:30	
10	
10:30	
11	
11:30	
12	
12:30	
13	
13:30	
14	
14:30	
15	
15:30	
16	
16:30	
17	
17:30	
18	
18:30	
19	
19:30	
20	
20:30	
21	
21:30	
22	
Meus erros	
Meus acertos	

Organize hoje amanhã

1 ....
2 ....
3 ....

> "Que nossa preocupação antecipada se torne reflexão e planejamento adiantados."
> — Winston Churchill

Fevereiro

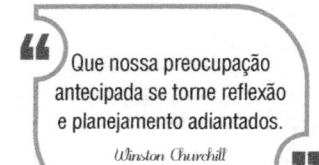

7 sexta

Hora	
7	
7:30	
8	
8:30	
9	
9:30	
10	
10:30	
11	
11:30	
12	
12:30	
13	
13:30	
14	
14:30	
15	
15:30	
16	
16:30	
17	
17:30	
18	
18:30	
19	
19:30	
20	
20:30	
21	
21:30	
22	

Meus erros

Meus acertos

Organize hoje amanhã
1.
2.
3.

Fevereiro

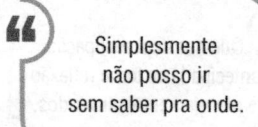

8
sábado

> "Simplesmente não posso ir sem saber pra onde."
> — Bilbo Bolseiro

Hora	
7	
7:30	
8	
8:30	
9	
9:30	
10	
10:30	
11	
11:30	
12	
12:30	
13	
13:30	
14	
14:30	
15	
15:30	
16	
16:30	
17	
17:30	
18	
18:30	
19	
19:30	
20	
20:30	
21	
21:30	
22	

Meus erros

Meus acertos

Organize hoje amanhã
1 ....
2 ....
3 ....

> O maior de todos os erros é não fazer nada só porque se pode fazer pouco. Faça o que lhe for possível.
> *Sydney Smith*

Fevereiro

9
domingo

Hora	
7	
7:30	
8	
8:30	
9	
9:30	
10	
10:30	
11	
11:30	
12	
12:30	
13	
13:30	
14	
14:30	
15	
15:30	
16	
16:30	
17	
17:30	
18	
18:30	
19	
19:30	
20	
20:30	
21	
21:30	
22	
Meus erros	
Meus acertos	

Organize hoje amanhã

1 ....
2 ....
3 ....

10 segunda

Fevereiro

> *Se você está perdendo o seu lazer, cuidado! Você pode estar perdendo a sua alma.*
> — Virigina Woolf

Hora	
7	
7:30	
8	
8:30	
9	
9:30	
10	
10:30	
11	
11:30	
12	
12:30	
13	
13:30	
14	
14:30	
15	
15:30	
16	
16:30	
17	
17:30	
18	
18:30	
19	
19:30	
20	
20:30	
21	
21:30	
22	
Meus erros	
Meus acertos	

Organize hoje amanhã
1.
2.
3.

> "Quando alguém te fala que passar em um concurso é impossível, esse alguém está se referindo a ele mesmo, não a você."
> *Gustavo Nogueira*

Fevereiro

11 — terça

Horário	
7	
7:30	
8	
8:30	
9	
9:30	
10	
10:30	
11	
11:30	
12	
12:30	
13	
13:30	
14	
14:30	
15	
15:30	
16	
16:30	
17	
17:30	
18	
18:30	
19	
19:30	
20	
20:30	
21	
21:30	
22	

Meus erros

Meus acertos

Organize hoje amanhã
1.
2.
3.

12 *quarta*

Fevereiro

> "Silêncio é uma falta de ruído que acontece quando o barulho se acaba, enquanto ele não recomeça."
> — Eno Wanke

7
7:30
8
8:30
9
9:30
10
10:30
11
11:30
12
12:30
13
13:30
14
14:30
15
15:30
16
16:30
17
17:30
18
18:30
19
19:30
20
20:30
21
21:30
22
Meus erros
Meus acertos

Organize hoje amanhã
1
2
3

> A dedicação contínua a uma atividade aumenta a nossa perícia, a nossa habilidade em executá-la.
>
> Mario Sergio Cortella

Fevereiro

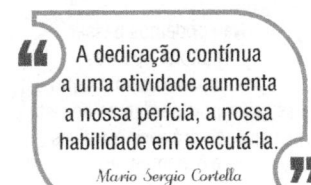

13 *quinta*

Hora	
7	
7:30	
8	
8:30	
9	
9:30	
10	
10:30	
11	
11:30	
12	
12:30	
13	
13:30	
14	
14:30	
15	
15:30	
16	
16:30	
17	
17:30	
18	
18:30	
19	
19:30	
20	
20:30	
21	
21:30	
22	
Meus erros	
Meus acertos	

Organize hoje amanhã

1.
2.
3.

14
sexta

Fevereiro

> "Não podemos passar muito tempo nos preocupando com o outro sujeito, pois perdemos de vista nossos próprios objetivos e desempenho."
>
> *Gary Kasparov*

7
7:30
8
8:30
9
9:30
10
10:30
11
11:30
12
12:30
13
13:30
14
14:30
15
15:30
16
16:30
17
17:30
18
18:30
19
19:30
20
20:30
21
21:30
22
Meus erros
Meus acertos

Organize hoje amanhã
1
2
3

> A evolução é uma transformação organizada, na qual nenhum milagre tem parte.
> *Napoleon Hill*

Fevereiro

15 *sábado*

Hora	
7	
7:30	
8	
8:30	
9	
9:30	
10	
10:30	
11	
11:30	
12	
12:30	
13	
13:30	
14	
14:30	
15	
15:30	
16	
16:30	
17	
17:30	
18	
18:30	
19	
19:30	
20	
20:30	
21	
21:30	
22	
Meus erros	
Meus acertos	

Organize hoje amanhã
1.
2.
3.

16
domingo

Fevereiro

> As pessoas ficam perturbadas não pelas coisas, mas pela imagem que formam delas.
> *Epicteto*

7
7:30
8
8:30
9
9:30
10
10:30
11
11:30
12
12:30
13
13:30
14
14:30
15
15:30
16
16:30
17
17:30
18
18:30
19
19:30
20
20:30
21
21:30
22
Meus erros
Meus acertos

Organize hoje amanhã
1 ....
2 ....
3 ....

> O medo é como o fogo, ele queima você por dentro.
> — Rocky Balboa

Fevereiro

17
segunda

Horário	
7	
7:30	
8	
8:30	
9	
9:30	
10	
10:30	
11	
11:30	
12	
12:30	
13	
13:30	
14	
14:30	
15	
15:30	
16	
16:30	
17	
17:30	
18	
18:30	
19	
19:30	
20	
20:30	
21	
21:30	
22	

Meus erros

Meus acertos

Organize hoje amanhã
1.
2.
3.

18
terça

Fevereiro

> "Vamos inventar o amanhã e parar de nos preocupar com o passado."
> — Steve Jobs

Hora	
7	
7:30	
8	
8:30	
9	
9:30	
10	
10:30	
11	
11:30	
12	
12:30	
13	
13:30	
14	
14:30	
15	
15:30	
16	
16:30	
17	
17:30	
18	
18:30	
19	
19:30	
20	
20:30	
21	
21:30	
22	
Meus erros	
Meus acertos	

Organize hoje amanhã
1.
2.
3.

> Ei medo, eu não te escuto mais. Você não me leva a nada.
> *Jota Quest*

Fevereiro

19 *quarta*

Horário	
7	
7:30	
8	
8:30	
9	
9:30	
10	
10:30	
11	
11:30	
12	
12:30	
13	
13:30	
14	
14:30	
15	
15:30	
16	
16:30	
17	
17:30	
18	
18:30	
19	
19:30	
20	
20:30	
21	
21:30	
22	

Meus erros

Meus acertos

Organize hoje amanhã
1 ...
2 ...
3 ...

20 quinta

Fevereiro

> "Um belo dia resolvi mudar, e fazer tudo o que eu queria fazer."
> *Rita Lee*

7
7:30
8
8:30
9
9:30
10
10:30
11
11:30
12
12:30
13
13:30
14
14:30
15
15:30
16
16:30
17
17:30
18
18:30
19
19:30
20
20:30
21
21:30
22
Meus erros
Meus acertos

Organize hoje amanhã
1
2
3

> **Temos nosso próprio tempo.**
> *Renato Russo*

Fevereiro

21
sexta

Hora	
7	
7:30	
8	
8:30	
9	
9:30	
10	
10:30	
11	
11:30	
12	
12:30	
13	
13:30	
14	
14:30	
15	
15:30	
16	
16:30	
17	
17:30	
18	
18:30	
19	
19:30	
20	
20:30	
21	
21:30	
22	

Meus erros

Meus acertos

Organize hoje amanhã
1.
2.
3.

22 sábado

Fevereiro

> "No momento em que você tiver a audácia de mudar os seus pensamentos para acreditar no que ainda não pode ser visto, sua realidade começará a mudar."
>
> *Jen Sincero*

7
7:30
8
8:30
9
9:30
10
10:30
11
11:30
12
12:30
13
13:30
14
14:30
15
15:30
16
16:30
17
17:30
18
18:30
19
19:30
20
20:30
21
21:30
22

Meus erros

Meus acertos

Organize hoje amanhã

1 ....
2 ....
3 ....

> "Nunca dependa da admiração dos outros. Não há força nisso. O mérito pessoal não pode derivar de uma fonte externa."
> — Sharon Lebell

Fevereiro

23 *domingo*

Hora	
7	
7:30	
8	
8:30	
9	
9:30	
10	
10:30	
11	
11:30	
12	
12:30	
13	
13:30	
14	
14:30	
15	
15:30	
16	
16:30	
17	
17:30	
18	
18:30	
19	
19:30	
20	
20:30	
21	
21:30	
22	

Meus erros

Meus acertos

Organize hoje amanhã
1
2
3

24
segunda

Fevereiro

> Saiba que o único limite que pode haver é a dimensão de sua imaginação e o nível de empenho que você aplica para que tudo se torne real.
> — *Tony Robbins*

7	
7:30	
8	
8:30	
9	
9:30	
10	
10:30	
11	
11:30	
12	
12:30	
13	
13:30	
14	
14:30	
15	
15:30	
16	
16:30	
17	
17:30	
18	
18:30	
19	
19:30	
20	
20:30	
21	
21:30	
22	
Meus erros	
Meus acertos	

Organize hoje amanhã

1. ____
2. ____
3. ____

> O princípio da sabedoria é a avaliação da própria ignorância.
> *Mortimer J. Adler*

Fevereiro

25
terça

7	
7:30	
8	
8:30	
9	
9:30	
10	
10:30	
11	
11:30	
12	
12:30	
13	
13:30	
14	
14:30	
15	
15:30	
16	
16:30	
17	
17:30	
18	
18:30	
19	
19:30	
20	
20:30	
21	
21:30	
22	

Meus erros

Meus acertos

Organize hoje amanhã
1
2
3

26 quarta

Fevereiro

> "Viva em compartimentos diários hermeticamente fechados."
> *Dale Carnegie*

7
7:30
8
8:30
9
9:30
10
10:30
11
11:30
12
12:30
13
13:30
14
14:30
15
15:30
16
16:30
17
17:30
18
18:30
19
19:30
20
20:30
21
21:30
22
Meus erros
Meus acertos

Organize hoje amanhã
1
2
3

> O medo é um preconceito dos nervos. E um preconceito, desfaz-se – basta a simples reflexão.
>
> *Machado de Assis*

Fevereiro

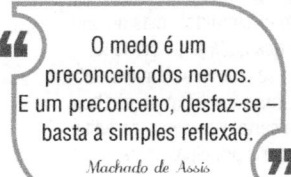

27
quinta

Hora	
7	
7:30	
8	
8:30	
9	
9:30	
10	
10:30	
11	
11:30	
12	
12:30	
13	
13:30	
14	
14:30	
15	
15:30	
16	
16:30	
17	
17:30	
18	
18:30	
19	
19:30	
20	
20:30	
21	
21:30	
22	
Meus erros	
Meus acertos	

Organize hoje amanhã

1 ....
2 ....
3 ....

28
sexta

Fevereiro

> Só existem dois dias no ano que nada pode ser feito. Um se chama ontem e o outro se chama amanhã, portanto hoje é o dia certo para amar, acreditar, fazer e principalmente viver.
>
> *Dalai Lama*

7
7:30
8
8:30
9
9:30
10
10:30
11
11:30
12
12:30
13
13:30
14
14:30
15
15:30
16
16:30
17
17:30
18
18:30
19
19:30
20
20:30
21
21:30
22
Meus erros
Meus acertos

Organize hoje amanhã
1
2
3

> Pedras no caminho?
> Eu guardo todas.
> Um dia vou construir
> um castelo.
> *Nemo Nox*

Fevereiro

29
sábado

- 7
- 7:30
- 8
- 8:30
- 9
- 9:30
- 10
- 10:30
- 11
- 11:30
- 12
- 12:30
- 13
- 13:30
- 14
- 14:30
- 15
- 15:30
- 16
- 16:30
- 17
- 17:30
- 18
- 18:30
- 19
- 19:30
- 20
- 20:30
- 21
- 21:30
- 22
- Meus erros
- Meus acertos

Organize hoje amanhã

1.
2.
3.

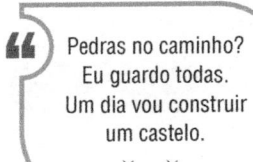

> "Paciência é a capacidade de agir enquanto espera."
> *Gustavo Nogueira*

Revisão das metas
Fevereiro 2020

CUMPRIDAS

_____
_____
_____
_____
_____
_____
_____
_____
_____
_____

AINDA NÃO CUMPRIDAS

_____
_____
_____
_____
_____
_____
_____
_____
_____
_____

Fevereiro 2020

Qual a sua sensação a respeito das metas cumpridas? Como você se sente vendo-as alcançadas?

_____
_____
_____
_____
_____
_____
_____
_____

Qual a sua sensação a respeito das metas não cumpridas? Como você se sente vendo-as não sendo alcançadas? Por quê você não conseguiu cumpri-las? O que você – e somente você – pode fazer para mudar isso?

_____
_____
_____
_____
_____
_____
_____
_____

Margo

Março – 2020

SEMANA 1

To Do – tarefas

Dom. 01	2ªf. 02	3ªf. 03	4ªf. 04	5ªf. 05	6ªf. 06	Sáb. 07
Dom. 08	2ªf. 09	3ªf. 10	4ªf. 11	5ªf. 12	6ªf. 13	Sáb. 14
Dom. 15	2ªf. 16	3ªf. 17	4ªf. 18	5ªf. 19	6ªf. 20	Sáb. 21
Dom. 22	2ªf. 23	3ªf. 24	4ªf. 25	5ªf. 26	6ªf. 27	Sáb. 28
Dom. 29	2ªf. 30	3ªf. 31				

ACREDITAMOS NO PODER DO RABISCO!

Rabisque aqui tudo o que você quiser!

> Exige muito de ti e espera pouco dos outros. Assim, evitarás muitos aborrecimentos.
> — Confúcio

Março

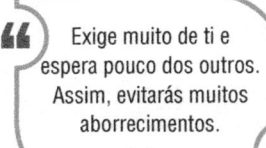

1 *domingo*

7	
7:30	
8	
8:30	
9	
9:30	
10	
10:30	
11	
11:30	
12	
12:30	
13	
13:30	
14	
14:30	
15	
15:30	
16	
16:30	
17	
17:30	
18	
18:30	
19	
19:30	
20	
20:30	
21	
21:30	
22	
Meus erros	
Meus acertos	

Organize hoje amanhã
1.
2.
3.

2
segunda

Março

> "A esperança é o sonho do homem acordado."
> *Aristóteles*

7	
7:30	
8	
8:30	
9	
9:30	
10	
10:30	
11	
11:30	
12	
12:30	
13	
13:30	
14	
14:30	
15	
15:30	
16	
16:30	
17	
17:30	
18	
18:30	
19	
19:30	
20	
20:30	
21	
21:30	
22	
Meus erros	
Meus acertos	

Organize hoje amanhã

1 ....
2 ....
3 ....

> Antes da vitória vem a tentação. E quanto maior os louros a conquistar, maior a tentação a que é preciso resistir.
> — Stephen King

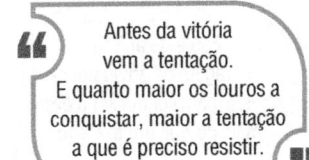

Março

3 terça

7	
7:30	
8	
8:30	
9	
9:30	
10	
10:30	
11	
11:30	
12	
12:30	
13	
13:30	
14	
14:30	
15	
15:30	
16	
16:30	
17	
17:30	
18	
18:30	
19	
19:30	
20	
20:30	
21	
21:30	
22	
Meus erros	
Meus acertos	

Organize hoje amanhã
1.
2.
3.

4
quarta

Março

> Força de ânimo e coragem na adversidade servem, para conquistar o êxito, mais do que um exército.
> *John Dryden*

7
7:30
8
8:30
9
9:30
10
10:30
11
11:30
12
12:30
13
13:30
14
14:30
15
15:30
16
16:30
17
17:30
18
18:30
19
19:30
20
20:30
21
21:30
22
Meus erros
Meus acertos

Organize hoje amanhã
1
2
3

> **Nem tudo o que reluz é ouro.**
> *William Shakespeare*

Março

5
quinta

7	
7:30	
8	
8:30	
9	
9:30	
10	
10:30	
11	
11:30	
12	
12:30	
13	
13:30	
14	
14:30	
15	
15:30	
16	
16:30	
17	
17:30	
18	
18:30	
19	
19:30	
20	
20:30	
21	
21:30	
22	
Meus erros	
Meus acertos	

Organize hoje amanhã

1.
2.
3.

6
sexta

Março

> "A vontade de se preparar tem que ser maior do que a vontade de vencer. Vencer será consequência da boa preparação."
> — Bernardinho

7	
7:30	
8	
8:30	
9	
9:30	
10	
10:30	
11	
11:30	
12	
12:30	
13	
13:30	
14	
14:30	
15	
15:30	
16	
16:30	
17	
17:30	
18	
18:30	
19	
19:30	
20	
20:30	
21	
21:30	
22	
Meus erros	
Meus acertos	

Organize hoje amanhã

1.
2.
3.

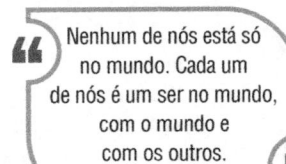

> "Nenhum de nós está só no mundo. Cada um de nós é um ser no mundo, com o mundo e com os outros."
> *Paulo Freire*

Março

7
sábado

7	
7:30	
8	
8:30	
9	
9:30	
10	
10:30	
11	
11:30	
12	
12:30	
13	
13:30	
14	
14:30	
15	
15:30	
16	
16:30	
17	
17:30	
18	
18:30	
19	
19:30	
20	
20:30	
21	
21:30	
22	
Meus erros	
Meus acertos	

Organize hoje amanhã
1 ....
2 ....
3 ....

8 domingo

Março

> "Um grão de areia de cada vez."
> *Dale Carnegie*

7
7:30
8
8:30
9
9:30
10
10:30
11
11:30
12
12:30
13
13:30
14
14:30
15
15:30
16
16:30
17
17:30
18
18:30
19
19:30
20
20:30
21
21:30
22
Meus erros
Meus acertos

Organize hoje amanhã

1 .....
2 .....
3 .....

> Agir, eis a inteligência verdadeira. Serei o que quiser.
> — Fernando Pessoa

Março

9 segunda

7	
7:30	
8	
8:30	
9	
9:30	
10	
10:30	
11	
11:30	
12	
12:30	
13	
13:30	
14	
14:30	
15	
15:30	
16	
16:30	
17	
17:30	
18	
18:30	
19	
19:30	
20	
20:30	
21	
21:30	
22	
Meus erros	
Meus acertos	

Organize hoje amanhã
1.
2.
3.

10
terça

Março

> Quer você acredite que consiga fazer uma coisa ou não, você está certo.
> *Henry Ford*

7	
7:30	
8	
8:30	
9	
9:30	
10	
10:30	
11	
11:30	
12	
12:30	
13	
13:30	
14	
14:30	
15	
15:30	
16	
16:30	
17	
17:30	
18	
18:30	
19	
19:30	
20	
20:30	
21	
21:30	
22	
Meus erros	
Meus acertos	

Organize hoje amanhã
1
2
3

> "Os tristes acham que o vento geme; os alegres acham que ele canta."
> — Luis Fernando Veríssimo

Março

11 *quarta*

7	
7:30	
8	
8:30	
9	
9:30	
10	
10:30	
11	
11:30	
12	
12:30	
13	
13:30	
14	
14:30	
15	
15:30	
16	
16:30	
17	
17:30	
18	
18:30	
19	
19:30	
20	
20:30	
21	
21:30	
22	
Meus erros	
Meus acertos	

Organize hoje amanhã
1 ....
2 ....
3 ....

12
quinta

Março

> "A esperança seria a maior das forças humanas, se não existisse o desespero."
> *Victor Hugo*

7
7:30
8
8:30
9
9:30
10
10:30
11
11:30
12
12:30
13
13:30
14
14:30
15
15:30
16
16:30
17
17:30
18
18:30
19
19:30
20
20:30
21
21:30
22
Meus erros
Meus acertos

Organize hoje amanhã
1 ....
2 ....
3 ....

> Precisamos estar dispostos a nos livrar da vida que planejamos, para podermos viver a vida que nos espera.
> *Joseph Campbell*

Março

13
sexta

7	
7:30	
8	
8:30	
9	
9:30	
10	
10:30	
11	
11:30	
12	
12:30	
13	
13:30	
14	
14:30	
15	
15:30	
16	
16:30	
17	
17:30	
18	
18:30	
19	
19:30	
20	
20:30	
21	
21:30	
22	
Meus erros	
Meus acertos	

Organize hoje amanhã
1 ....
2 ....
3 ....

14
sábado

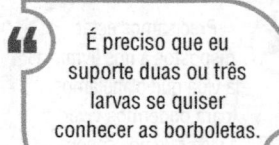

Março

> "É preciso que eu suporte duas ou três larvas se quiser conhecer as borboletas."
> *O Pequeno Príncipe*

7	
7:30	
8	
8:30	
9	
9:30	
10	
10:30	
11	
11:30	
12	
12:30	
13	
13:30	
14	
14:30	
15	
15:30	
16	
16:30	
17	
17:30	
18	
18:30	
19	
19:30	
20	
20:30	
21	
21:30	
22	
Meus erros	
Meus acertos	

Organize hoje amanhã

1 ....
2 ....
3 ....

> Nasceu gente é inteligente.
> *Jean Piaget*

Março

15 *domingo*

Hora	
7	
7:30	
8	
8:30	
9	
9:30	
10	
10:30	
11	
11:30	
12	
12:30	
13	
13:30	
14	
14:30	
15	
15:30	
16	
16:30	
17	
17:30	
18	
18:30	
19	
19:30	
20	
20:30	
21	
21:30	
22	
Meus erros	
Meus acertos	

Organize hoje amanhã
1.
2.
3.

16
segunda

Março

> Quando você tiver feito algo bem, não tenha medo de admitir que você conseguiu.
> *Susan Whitbourne*

| 7 |
| 7:30 |
| 8 |
| 8:30 |
| 9 |
| 9:30 |
| 10 |
| 10:30 |
| 11 |
| 11:30 |
| 12 |
| 12:30 |
| 13 |
| 13:30 |
| 14 |
| 14:30 |
| 15 |
| 15:30 |
| 16 |
| 16:30 |
| 17 |
| 17:30 |
| 18 |
| 18:30 |
| 19 |
| 19:30 |
| 20 |
| 20:30 |
| 21 |
| 21:30 |
| 22 |
| Meus erros |
| Meus acertos |

Organize hoje amanhã

1.
2.
3.

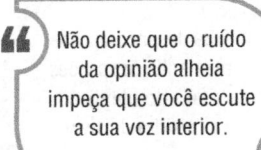

> "Não deixe que o ruído da opinião alheia impeça que você escute a sua voz interior."
> *Steve Jobs*

Março

17
terça

7	
7:30	
8	
8:30	
9	
9:30	
10	
10:30	
11	
11:30	
12	
12:30	
13	
13:30	
14	
14:30	
15	
15:30	
16	
16:30	
17	
17:30	
18	
18:30	
19	
19:30	
20	
20:30	
21	
21:30	
22	
Meus erros	
Meus acertos	

Organize hoje amanhã
1.
2.
3.

18
quarta

Março

> Evite desencorajar-se: mantenha ocupações e faça do otimismo a maneira de viver.
> *Lucille Ball*

7
7:30
8
8:30
9
9:30
10
10:30
11
11:30
12
12:30
13
13:30
14
14:30
15
15:30
16
16:30
17
17:30
18
18:30
19
19:30
20
20:30
21
21:30
22

Meus erros
Meus acertos

Organize hoje amanhã
1
2
3

> É muito melhor perceber um defeito em si mesmo, do que dezenas no outro, pois o seu defeito você pode mudar.
> *Dalai Lama*

Março

19 *quinta*

Hora	
7	
7:30	
8	
8:30	
9	
9:30	
10	
10:30	
11	
11:30	
12	
12:30	
13	
13:30	
14	
14:30	
15	
15:30	
16	
16:30	
17	
17:30	
18	
18:30	
19	
19:30	
20	
20:30	
21	
21:30	
22	
Meus erros	
Meus acertos	

Organize hoje amanhã
1 ......
2 ......
3 ......

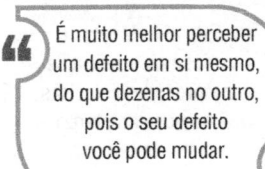

20 sexta

Março

> Esta atitude séria e curiosa na procura de compreender as coisas e os fios caracteriza o ato de estudar.
> *Paulo Freire*

7	
7:30	
8	
8:30	
9	
9:30	
10	
10:30	
11	
11:30	
12	
12:30	
13	
13:30	
14	
14:30	
15	
15:30	
16	
16:30	
17	
17:30	
18	
18:30	
19	
19:30	
20	
20:30	
21	
21:30	
22	
Meus erros	
Meus acertos	

Organize hoje amanhã

1 ....
2 ....
3 ....

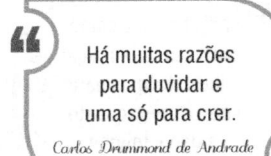

> Há muitas razões para duvidar e uma só para crer.
> — Carlos Drummond de Andrade

Março

21
sábado

Hora	
7	
7:30	
8	
8:30	
9	
9:30	
10	
10:30	
11	
11:30	
12	
12:30	
13	
13:30	
14	
14:30	
15	
15:30	
16	
16:30	
17	
17:30	
18	
18:30	
19	
19:30	
20	
20:30	
21	
21:30	
22	
Meus erros	
Meus acertos	

Organize hoje amanhã
1.
2.
3.

22
domingo

Março

> "Não há nada como regressar a um lugar que está igual para descobrir o quanto a gente mudou."
> — Nelson Mandela

Hora	
7	
7:30	
8	
8:30	
9	
9:30	
10	
10:30	
11	
11:30	
12	
12:30	
13	
13:30	
14	
14:30	
15	
15:30	
16	
16:30	
17	
17:30	
18	
18:30	
19	
19:30	
20	
20:30	
21	
21:30	
22	
Meus erros	
Meus acertos	

Organize hoje amanhã

1.
2.
3.

> Apressa-te a viver bem e pensa que cada dia é, por si só, uma vida.
> *Sêneca*

Março

23
segunda

Hora	
7	
7:30	
8	
8:30	
9	
9:30	
10	
10:30	
11	
11:30	
12	
12:30	
13	
13:30	
14	
14:30	
15	
15:30	
16	
16:30	
17	
17:30	
18	
18:30	
19	
19:30	
20	
20:30	
21	
21:30	
22	
Meus erros	
Meus acertos	

Organize hoje amanhã
1 ....
2 ....
3 ....

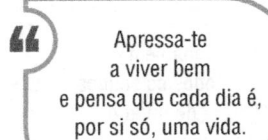

24
terça

Março

> Tenho em mim todos os sonhos do mundo.
> *Fernando Pessoa*

7

7:30

8

8:30

9

9:30

10

10:30

11

11:30

12

12:30

13

13:30

14

14:30

15

15:30

16

16:30

17

17:30

18

18:30

19

19:30

20

20:30

21

21:30

22

Meus erros

Meus acertos

Organize hoje amanhã

1 ....
2 ....
3 ....

> "Não há fatos eternos, como não há verdades absolutas."
> *Nietzsche*

Março

25
quarta

7	
7:30	
8	
8:30	
9	
9:30	
10	
10:30	
11	
11:30	
12	
12:30	
13	
13:30	
14	
14:30	
15	
15:30	
16	
16:30	
17	
17:30	
18	
18:30	
19	
19:30	
20	
20:30	
21	
21:30	
22	
Meus erros	
Meus acertos	

Organize hoje amanhã
1 ....
2 ....
3 ....

26 quinta

Março

> "A única forma de chegar ao impossível é acreditar que é possível."
> *Alice no País das Maravilhas*

7
7:30
8
8:30
9
9:30
10
10:30
11
11:30
12
12:30
13
13:30
14
14:30
15
15:30
16
16:30
17
17:30
18
18:30
19
19:30
20
20:30
21
21:30
22

Meus erros
Meus acertos

Organize hoje amanhã
1
2
3

> Não se deixe abater pelas preocupações.
> *Maxwell Maltz*

Março

27
sexta

7	
7:30	
8	
8:30	
9	
9:30	
10	
10:30	
11	
11:30	
12	
12:30	
13	
13:30	
14	
14:30	
15	
15:30	
16	
16:30	
17	
17:30	
18	
18:30	
19	
19:30	
20	
20:30	
21	
21:30	
22	
Meus erros	
Meus acertos	

Organize hoje amanhã
1 ....
2 ....
3 ....

28
sábado

Março

> "Somos tão complexos, que, quando não temos problemas, nós os criamos."
> *Augusto Cury*

Hora	
7	
7:30	
8	
8:30	
9	
9:30	
10	
10:30	
11	
11:30	
12	
12:30	
13	
13:30	
14	
14:30	
15	
15:30	
16	
16:30	
17	
17:30	
18	
18:30	
19	
19:30	
20	
20:30	
21	
21:30	
22	

Meus erros

Meus acertos

Organize hoje amanhã

1
2
3

> "Cada dia constitui uma vida nova para o homem que sabe viver."
> *Dale Carnegie*

Março

29 *domingo*

Hora	
7	
7:30	
8	
8:30	
9	
9:30	
10	
10:30	
11	
11:30	
12	
12:30	
13	
13:30	
14	
14:30	
15	
15:30	
16	
16:30	
17	
17:30	
18	
18:30	
19	
19:30	
20	
20:30	
21	
21:30	
22	
Meus erros	
Meus acertos	

Organize hoje amanhã

1 ....
2 ....
3 ....

30
segunda

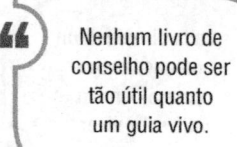

Março

> Nenhum livro de conselho pode ser tão útil quanto um guia vivo.
> *Mortimer J. Adler*

| 7 |
| 7:30 |
| 8 |
| 8:30 |
| 9 |
| 9:30 |
| 10 |
| 10:30 |
| 11 |
| 11:30 |
| 12 |
| 12:30 |
| 13 |
| 13:30 |
| 14 |
| 14:30 |
| 15 |
| 15:30 |
| 16 |
| 16:30 |
| 17 |
| 17:30 |
| 18 |
| 18:30 |
| 19 |
| 19:30 |
| 20 |
| 20:30 |
| 21 |
| 21:30 |
| 22 |
| Meus erros |
| Meus acertos |

Organize hoje amanhã

1 ....
2 ....
3 ....

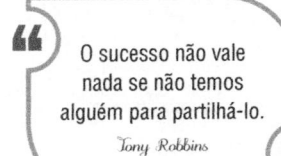

> O sucesso não vale nada se não temos alguém para partilhá-lo.
> — Tony Robbins

Março

31
terça

7	
7:30	
8	
8:30	
9	
9:30	
10	
10:30	
11	
11:30	
12	
12:30	
13	
13:30	
14	
14:30	
15	
15:30	
16	
16:30	
17	
17:30	
18	
18:30	
19	
19:30	
20	
20:30	
21	
21:30	
22	
Meus erros	
Meus acertos	

Organize hoje amanhã
1 ....
2 ....
3 ....

> Estudar é um processo evolutivo que exige ação.
> *Gustavo Nogueira*

Revisão das metas Março 2020

CUMPRIDAS

___
___
___
___
___
___
___
___

AINDA NÃO CUMPRIDAS

___
___
___
___
___
___
___
___

Março 2020

Qual a sua sensação a respeito das metas cumpridas? Como você se sente vendo-as alcançadas?

_____
_____
_____
_____
_____
_____
_____
_____
_____

Qual a sua sensação a respeito das metas não cumpridas? Como você se sente vendo-as não sendo alcançadas? Por quê você não conseguiu cumpri-las? O que você – e somente você – pode fazer para mudar isso?

_____
_____
_____
_____
_____
_____
_____
_____
_____

Março 2020

Qual a onomatopeia preferida das metamorfoses amorosas? Como você se sentiu essa desventura?

Qual é a sua cena arquetípica das metamorfoses amorosas? Como você se sentiu vendo-as se desarticularem? Por que você não conseguiu compreendê-las? O que você – a sensata você... – pode fazer para mudar isso?

Abril

Abril – 2020

SEMANA 1

To Do – tarefas

			4ªf. 01	5ªf. 02	6ªf. 03	Sáb. 04
Dom. 05	2ªf. 06	3ªf. 07	4ªf. 08	5ªf. 09	6ªf. 10	Sáb. 11
Dom. 12	2ªf. 13	3ªf. 14	4ªf. 15	5ªf. 16	6ªf. 17	Sáb. 18
Dom. 19	2ªf. 20	3ªf. 21	4ªf. 22	5ªf. 23	6ªf. 24	Sáb. 25
Dom. 26	2ªf. 27	3ªf. 28	4ªf. 29	5ªf. 30		

ACREDITAMOS NO PODER DO RABISCO!

Rabisque aqui tudo o que você quiser!

> "O progresso espiritual exige que ressaltemos o que é essencial e deixemos de lado todas as outras coisas como ocupações banais."
> — Sharon Lebell

Abril

1 quarta

7	
7:30	
8	
8:30	
9	
9:30	
10	
10:30	
11	
11:30	
12	
12:30	
13	
13:30	
14	
14:30	
15	
15:30	
16	
16:30	
17	
17:30	
18	
18:30	
19	
19:30	
20	
20:30	
21	
21:30	
22	
Meus erros	
Meus acertos	

Organize hoje amanhã
1.
2.
3.

2
quinta

Abril

> "Ninguém baterá tão forte quanto a vida. Porém não se trata de quão forte pode bater, se trata de quão forte pode ser atingido e continuar seguindo em frente. É assim que a vitória é conquistada."
> *Rocky Balboa*

Horário	
7	
7:30	
8	
8:30	
9	
9:30	
10	
10:30	
11	
11:30	
12	
12:30	
13	
13:30	
14	
14:30	
15	
15:30	
16	
16:30	
17	
17:30	
18	
18:30	
19	
19:30	
20	
20:30	
21	
21:30	
22	
Meus erros	
Meus acertos	

Organize hoje amanhã

1.
2.
3.

> Nada de grande se cria de repente.
> *Epicteto*

Abril

3 sexta

7	
7:30	
8	
8:30	
9	
9:30	
10	
10:30	
11	
11:30	
12	
12:30	
13	
13:30	
14	
14:30	
15	
15:30	
16	
16:30	
17	
17:30	
18	
18:30	
19	
19:30	
20	
20:30	
21	
21:30	
22	
Meus erros	
Meus acertos	

Organize hoje amanhã
1.
2.
3.

4
sábado

Abril

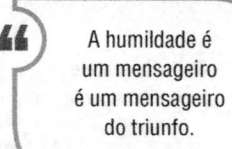

> "A humildade é um mensageiro é um mensageiro do triunfo."
> *Napoleon Hill*

7
7:30
8
8:30
9
9:30
10
10:30
11
11:30
12
12:30
13
13:30
14
14:30
15
15:30
16
16:30
17
17:30
18
18:30
19
19:30
20
20:30
21
21:30
22
Meus erros
Meus acertos

Organize hoje amanhã
1
2
3

> A vida é sempre o Agora.
> *Eckart Tolle*

Abril

5 domingo

7	
7:30	
8	
8:30	
9	
9:30	
10	
10:30	
11	
11:30	
12	
12:30	
13	
13:30	
14	
14:30	
15	
15:30	
16	
16:30	
17	
17:30	
18	
18:30	
19	
19:30	
20	
20:30	
21	
21:30	
22	
Meus erros	
Meus acertos	

Organize hoje amanhã
1. ....
2. ....
3. ....

6
segunda

Abril

> "Qualquer pessoa que já escreveu uma lista de tarefas sabe que elas podem ser realizadas com mais eficiência quando classificadas por prioridade, e desempenhadas na sequência mais favorável."
>
> *Gary Kasparov*

7
7:30
8
8:30
9
9:30
10
10:30
11
11:30
12
12:30
13
13:30
14
14:30
15
15:30
16
16:30
17
17:30
18
18:30
19
19:30
20
20:30
21
21:30
22
Meus erros
Meus acertos

Organize hoje amanhã
1
2
3

> A sorte surge quando a oportunidade encontra a preparação.
> — Thomas Edison

Abril

7
terça

7	
7:30	
8	
8:30	
9	
9:30	
10	
10:30	
11	
11:30	
12	
12:30	
13	
13:30	
14	
14:30	
15	
15:30	
16	
16:30	
17	
17:30	
18	
18:30	
19	
19:30	
20	
20:30	
21	
21:30	
22	
Meus erros	
Meus acertos	

Organize hoje amanhã
1 ....
2 ....
3 ....

8 quarta

Abril

> "Creio que o segredo para o sucesso esteja em saber lutar por um grande objetivo e em fracassar bem."
> — Ray Dalio

7
7:30
8
8:30
9
9:30
10
10:30
11
11:30
12
12:30
13
13:30
14
14:30
15
15:30
16
16:30
17
17:30
18
18:30
19
19:30
20
20:30
21
21:30
22
Meus erros
Meus acertos

Organize hoje amanhã
1
2
3

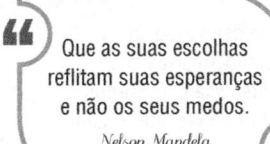

> Que as suas escolhas reflitam suas esperanças e não os seus medos.
> *Nelson Mandela*

Abril

9 *quinta*

7	
7:30	
8	
8:30	
9	
9:30	
10	
10:30	
11	
11:30	
12	
12:30	
13	
13:30	
14	
14:30	
15	
15:30	
16	
16:30	
17	
17:30	
18	
18:30	
19	
19:30	
20	
20:30	
21	
21:30	
22	
Meus erros	
Meus acertos	

Organize hoje amanhã
1 ....
2 ....
3 ....

10 sexta

Abril

> "Perder tempo em aprender coisas que não interessam, priva-nos de descobrir coisas interessantes."
> *Carlos Drummond de Andrade*

7	
7:30	
8	
8:30	
9	
9:30	
10	
10:30	
11	
11:30	
12	
12:30	
13	
13:30	
14	
14:30	
15	
15:30	
16	
16:30	
17	
17:30	
18	
18:30	
19	
19:30	
20	
20:30	
21	
21:30	
22	

Meus erros

Meus acertos

Organize hoje amanhã

1
2
3

> O descontentamento é o primeiro passo na evolução de um homem ou de uma nação.
> *Oscar Wilde*

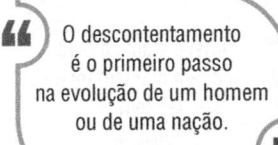

Abril

11
sábado

7	
7:30	
8	
8:30	
9	
9:30	
10	
10:30	
11	
11:30	
12	
12:30	
13	
13:30	
14	
14:30	
15	
15:30	
16	
16:30	
17	
17:30	
18	
18:30	
19	
19:30	
20	
20:30	
21	
21:30	
22	
Meus erros	
Meus acertos	

Organize hoje amanhã

1 ....
2 ....
3 ....

12
domingo

Abril

> "O risco afasta o medo e quem não tem medo não tem fé."
> — Pitágoras

| 7 |
| 7:30 |
| 8 |
| 8:30 |
| 9 |
| 9:30 |
| 10 |
| 10:30 |
| 11 |
| 11:30 |
| 12 |
| 12:30 |
| 13 |
| 13:30 |
| 14 |
| 14:30 |
| 15 |
| 15:30 |
| 16 |
| 16:30 |
| 17 |
| 17:30 |
| 18 |
| 18:30 |
| 19 |
| 19:30 |
| 20 |
| 20:30 |
| 21 |
| 21:30 |
| 22 |
| Meus erros |
| Meus acertos |

Organize hoje amanhã

1 ....
2 ....
3 ....

> Aquilo que não puderes controlar, não ordenes.
> *Sócrates*

Abril

13 *segunda*

7	
7:30	
8	
8:30	
9	
9:30	
10	
10:30	
11	
11:30	
12	
12:30	
13	
13:30	
14	
14:30	
15	
15:30	
16	
16:30	
17	
17:30	
18	
18:30	
19	
19:30	
20	
20:30	
21	
21:30	
22	
Meus erros	
Meus acertos	

Organize hoje amanhã

1 ....
2 ....
3 ....

14
terça

Abril

> "Só há um tempo em que é fundamental despertar. Esse tempo é agora."
> *Buda*

7	
7:30	
8	
8:30	
9	
9:30	
10	
10:30	
11	
11:30	
12	
12:30	
13	
13:30	
14	
14:30	
15	
15:30	
16	
16:30	
17	
17:30	
18	
18:30	
19	
19:30	
20	
20:30	
21	
21:30	
22	
Meus erros	
Meus acertos	

Organize hoje amanhã

1.
2.
3.

> "Não há como evitar a dor, sobretudo no caso de quem persegue metas ambiciosas."
> *Ray Dalio*

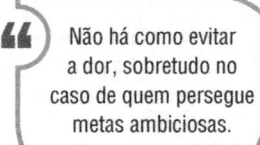

Abril

15
quarta

| 7 |
| 7:30 |
| 8 |
| 8:30 |
| 9 |
| 9:30 |
| 10 |
| 10:30 |
| 11 |
| 11:30 |
| 12 |
| 12:30 |
| 13 |
| 13:30 |
| 14 |
| 14:30 |
| 15 |
| 15:30 |
| 16 |
| 16:30 |
| 17 |
| 17:30 |
| 18 |
| 18:30 |
| 19 |
| 19:30 |
| 20 |
| 20:30 |
| 21 |
| 21:30 |
| 22 |
| Meus erros |
| Meus acertos |

Organize hoje amanhã

1 ....
2 ....
3 ....

16
quinta

Abril

> Se fosse fácil achar o caminho das pedras, tantas pedras no caminho não seria ruim.
>
> *Engenheiros do Hawaii*

7
7:30
8
8:30
9
9:30
10
10:30
11
11:30
12
12:30
13
13:30
14
14:30
15
15:30
16
16:30
17
17:30
18
18:30
19
19:30
20
20:30
21
21:30
22
Meus erros
Meus acertos

Organize hoje amanhã
1
2
3

> **Disciplina é liberdade.**
> Renato Russo

Abril

17 sexta

Hora	
7	
7:30	
8	
8:30	
9	
9:30	
10	
10:30	
11	
11:30	
12	
12:30	
13	
13:30	
14	
14:30	
15	
15:30	
16	
16:30	
17	
17:30	
18	
18:30	
19	
19:30	
20	
20:30	
21	
21:30	
22	
Meus erros	
Meus acertos	

Organize hoje amanhã
1
2
3

18
sábado

Abril

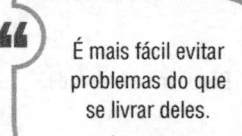

> "É mais fácil evitar problemas do que se livrar deles."
> — Warren Buffet

Hora	
7	
7:30	
8	
8:30	
9	
9:30	
10	
10:30	
11	
11:30	
12	
12:30	
13	
13:30	
14	
14:30	
15	
15:30	
16	
16:30	
17	
17:30	
18	
18:30	
19	
19:30	
20	
20:30	
21	
21:30	
22	
Meus erros	
Meus acertos	

Organize hoje amanhã
1.
2.
3.

> Uma pessoa com uma crença equivale à força de 100 mil que só têm interesses.
> *John Stuart Mill*

Abril

19
domingo

7	
7:30	
8	
8:30	
9	
9:30	
10	
10:30	
11	
11:30	
12	
12:30	
13	
13:30	
14	
14:30	
15	
15:30	
16	
16:30	
17	
17:30	
18	
18:30	
19	
19:30	
20	
20:30	
21	
21:30	
22	
Meus erros	
Meus acertos	

Organize hoje amanhã
1 ....
2 ....
3 ....

20 segunda

Abril

> "Ninguém entra em um mesmo rio uma segunda vez, pois quando isso acontece já não se é o mesmo, assim como as águas que já serão outras."
>
> *Heráclito*

7
7:30
8
8:30
9
9:30
10
10:30
11
11:30
12
12:30
13
13:30
14
14:30
15
15:30
16
16:30
17
17:30
18
18:30
19
19:30
20
20:30
21
21:30
22
Meus erros
Meus acertos

Organize hoje amanhã
1
2
3

> "Tem uma vaga reservada para você no concurso dos seus sonhos, mas você precisa merecê-la."
> *Gustavo Nogueira*

Abril

21
terça

7	
7:30	
8	
8:30	
9	
9:30	
10	
10:30	
11	
11:30	
12	
12:30	
13	
13:30	
14	
14:30	
15	
15:30	
16	
16:30	
17	
17:30	
18	
18:30	
19	
19:30	
20	
20:30	
21	
21:30	
22	
Meus erros	
Meus acertos	

Organize hoje amanhã
1 ....
2 ....
3 ....

22
quarta

Abril

> "É preciso aprender a desligar o piloto automático que nos manipula, que nos põe em um círculo vicioso."
> *Roberto Alcíbar*

7
7:30
8
8:30
9
9:30
10
10:30
11
11:30
12
12:30
13
13:30
14
14:30
15
15:30
16
16:30
17
17:30
18
18:30
19
19:30
20
20:30
21
21:30
22

Meus erros

Meus acertos

Organize hoje amanhã
1
2
3

> Concentrar-se em apenas uma atividade é talvez a condição mais importante para fluir.
>
> *Héctor García e Francesc Miralles*

Abril

23
quinta

7	
7:30	
8	
8:30	
9	
9:30	
10	
10:30	
11	
11:30	
12	
12:30	
13	
13:30	
14	
14:30	
15	
15:30	
16	
16:30	
17	
17:30	
18	
18:30	
19	
19:30	
20	
20:30	
21	
21:30	
22	
Meus erros	
Meus acertos	

Organize hoje amanhã

1.
2.
3.

24
sexta

Abril

> Preferimos as ilusões à realidade.
> *Napoleon Hill*

7
7:30
8
8:30
9
9:30
10
10:30
11
11:30
12
12:30
13
13:30
14
14:30
15
15:30
16
16:30
17
17:30
18
18:30
19
19:30
20
20:30
21
21:30
22
Meus erros
Meus acertos

Organize hoje amanhã
1
2
3

> Se disserem mal de ti com fundamento, corrige-te. Do contrário, ri e não faças caso.
> *Epicteto*

Abril

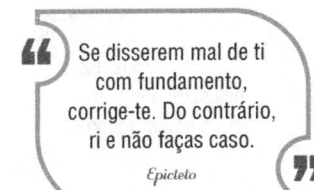

25
sábado

7
7:30
8
8:30
9
9:30
10
10:30
11
11:30
12
12:30
13
13:30
14
14:30
15
15:30
16
16:30
17
17:30
18
18:30
19
19:30
20
20:30
21
21:30
22

Meus erros

Meus acertos

Organize hoje amanhã
1
2
3

26
domingo

Abril

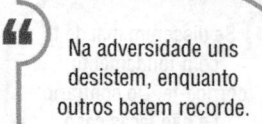

> "Na adversidade uns desistem, enquanto outros batem recorde."
> *Ayrton Senna*

7
7:30
8
8:30
9
9:30
10
10:30
11
11:30
12
12:30
13
13:30
14
14:30
15
15:30
16
16:30
17
17:30
18
18:30
19
19:30
20
20:30
21
21:30
22
Meus erros
Meus acertos

Organize hoje amanhã
1
2
3

> "Perdoar não é sobre ser legal com os outros, mas sim com você mesmo."
> — Jen Sincero

Abril

27 segunda

Horário	
7	
7:30	
8	
8:30	
9	
9:30	
10	
10:30	
11	
11:30	
12	
12:30	
13	
13:30	
14	
14:30	
15	
15:30	
16	
16:30	
17	
17:30	
18	
18:30	
19	
19:30	
20	
20:30	
21	
21:30	
22	
Meus erros	
Meus acertos	

Organize hoje amanhã
1 ....
2 ....
3 ....

28 terça
Abril

> "Não pratique sabotagem contra si próprio adotando inconscientemente atitudes negativas e improdutivas pelo seu contato com os outros."
> *Sharon Lebell*

7
7:30
8
8:30
9
9:30
10
10:30
11
11:30
12
12:30
13
13:30
14
14:30
15
15:30
16
16:30
17
17:30
18
18:30
19
19:30
20
20:30
21
21:30
22
Meus erros
Meus acertos

Organize hoje amanhã
1
2
3

> A habilidade em ler para compreender, é, por conseguinte, o desejo de o fazer, e condição sine qua non de qualquer leitura séria.
> *Mortimer J. Adler*

Abril

29 *quarta*

7	
7:30	
8	
8:30	
9	
9:30	
10	
10:30	
11	
11:30	
12	
12:30	
13	
13:30	
14	
14:30	
15	
15:30	
16	
16:30	
17	
17:30	
18	
18:30	
19	
19:30	
20	
20:30	
21	
21:30	
22	

Meus erros

Meus acertos

Organize hoje amanhã
1
2
3

30
quinta

Abril

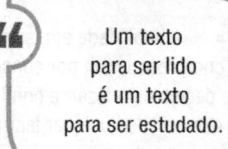

> "Um texto para ser lido é um texto para ser estudado."
> — Paulo Freire

7	
7:30	
8	
8:30	
9	
9:30	
10	
10:30	
11	
11:30	
12	
12:30	
13	
13:30	
14	
14:30	
15	
15:30	
16	
16:30	
17	
17:30	
18	
18:30	
19	
19:30	
20	
20:30	
21	
21:30	
22	
Meus erros	
Meus acertos	

Organize hoje amanhã
1.
2.
3.

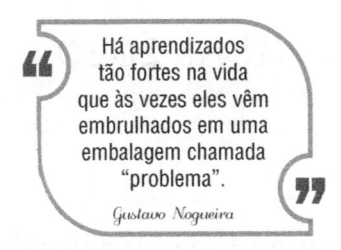

> "Há aprendizados tão fortes na vida que às vezes eles vêm embrulhados em uma embalagem chamada "problema"."
> *Gustavo Nogueira*

Revisão das metas
Abril 2020

CUMPRIDAS

_____
_____
_____
_____
_____
_____
_____
_____
_____
_____

AINDA NÃO CUMPRIDAS

_____
_____
_____
_____
_____
_____
_____
_____
_____
_____

Abril 2020

Qual a sua sensação a respeito das metas cumpridas? Como você se sente vendo-as alcançadas?

_____
_____
_____
_____
_____
_____
_____
_____

Qual a sua sensação a respeito das metas não cumpridas? Como você se sente vendo-as não sendo alcançadas? Por quê você não conseguiu cumpri-las? O que você – e somente você – pode fazer para mudar isso?

_____
_____
_____
_____
_____
_____
_____
_____

Maio

Maio – 2020

SEMANA 1

To Do – tarefas

					6ªf. 01	Sáb. 02
Dom. 03	2ªf. 04	3ªf. 05	4ªf. 06	5ªf. 07	6ªf. 08	Sáb. 09
Dom. 10	2ªf. 11	3ªf. 12	4ªf. 13	5ªf. 14	6ªf. 15	Sáb. 16
Dom. 17	2ªf. 18	3ªf. 19	4ªf. 20	5ªf. 21	6ªf. 22	Sáb. 23
Dom. 24	2ªf. 25	3ªf. 26	4ªf. 27	5ªf. 28	6ªf. 29	Sáb. 30
Dom. 31						

ACREDITAMOS NO PODER DO RABISCO!

Rabisque aqui tudo o que você quiser!

> "A vida é maravilhosa se não se tem medo dela."
> *Charles Chaplin*

Maio

1 *sexta*

7	
7:30	
8	
8:30	
9	
9:30	
10	
10:30	
11	
11:30	
12	
12:30	
13	
13:30	
14	
14:30	
15	
15:30	
16	
16:30	
17	
17:30	
18	
18:30	
19	
19:30	
20	
20:30	
21	
21:30	
22	
Meus erros	
Meus acertos	

Organize hoje amanhã

1 ....
2 ....
3 ....

Maio

2 sábado

> "Não existe um caminho para a felicidade.
> A felicidade é o caminho."
> — Thich Nhat Hanh

7	
7:30	
8	
8:30	
9	
9:30	
10	
10:30	
11	
11:30	
12	
12:30	
13	
13:30	
14	
14:30	
15	
15:30	
16	
16:30	
17	
17:30	
18	
18:30	
19	
19:30	
20	
20:30	
21	
21:30	
22	
Meus erros	
Meus acertos	

Organize hoje amanhã
1.
2.
3.

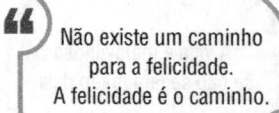

> "Nada do que foi será, de novo, do jeito que já foi um dia."
> *Lulu Santos*

Maio

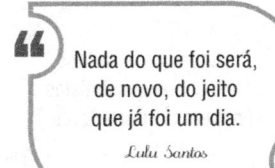

3 *domingo*

7	
7:30	
8	
8:30	
9	
9:30	
10	
10:30	
11	
11:30	
12	
12:30	
13	
13:30	
14	
14:30	
15	
15:30	
16	
16:30	
17	
17:30	
18	
18:30	
19	
19:30	
20	
20:30	
21	
21:30	
22	
Meus erros	
Meus acertos	

Organize hoje amanhã

1 ....
2 ....
3 ....

4
segunda

Maio

> "O mundo pertence aos otimistas: os pessimistas são meros espectadores."
> *Dwight Eisenhower*

7	
7:30	
8	
8:30	
9	
9:30	
10	
10:30	
11	
11:30	
12	
12:30	
13	
13:30	
14	
14:30	
15	
15:30	
16	
16:30	
17	
17:30	
18	
18:30	
19	
19:30	
20	
20:30	
21	
21:30	
22	

Meus erros

Meus acertos

Organize hoje amanhã
1
2
3

> "Escolhe um trabalho que gostes, e não terás que trabalhar nem um dia na tua vida."
> *Confúcio*

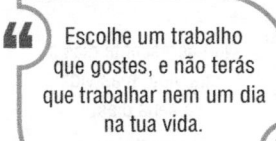

Maio

5
terça

7	
7:30	
8	
8:30	
9	
9:30	
10	
10:30	
11	
11:30	
12	
12:30	
13	
13:30	
14	
14:30	
15	
15:30	
16	
16:30	
17	
17:30	
18	
18:30	
19	
19:30	
20	
20:30	
21	
21:30	
22	
Meus erros	
Meus acertos	

Organize hoje amanhã
1.
2.
3.

6
quarta

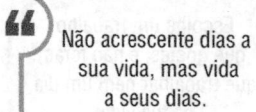

Maio

> "Não acrescente dias a sua vida, mas vida a seus dias."
> — Harry Benjamin

Horário	
7	
7:30	
8	
8:30	
9	
9:30	
10	
10:30	
11	
11:30	
12	
12:30	
13	
13:30	
14	
14:30	
15	
15:30	
16	
16:30	
17	
17:30	
18	
18:30	
19	
19:30	
20	
20:30	
21	
21:30	
22	
Meus erros	
Meus acertos	

Organize hoje amanhã
1.
2.
3.

> A minha alma tá armada e apontada para a cara do sossego.
> *O Rappa*

Maio

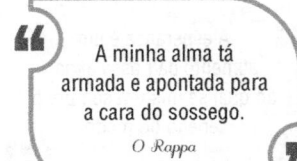

7
quinta

7	
7:30	
8	
8:30	
9	
9:30	
10	
10:30	
11	
11:30	
12	
12:30	
13	
13:30	
14	
14:30	
15	
15:30	
16	
16:30	
17	
17:30	
18	
18:30	
19	
19:30	
20	
20:30	
21	
21:30	
22	
Meus erros	
Meus acertos	

Organize hoje amanhã
1 ....
2 ....
3 ....

8
sexta

Maio

> "A esperança é um alimento da nossa alma, ao qual se mistura sempre o veneno do medo."
> *Voltaire*

7
7:30
8
8:30
9
9:30
10
10:30
11
11:30
12
12:30
13
13:30
14
14:30
15
15:30
16
16:30
17
17:30
18
18:30
19
19:30
20
20:30
21
21:30
22
Meus erros
Meus acertos

Organize hoje amanhã
1
2
3

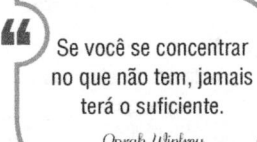

> "Se você se concentrar no que não tem, jamais terá o suficiente."
> — Oprah Winfrey

Maio

9
sábado

7	
7:30	
8	
8:30	
9	
9:30	
10	
10:30	
11	
11:30	
12	
12:30	
13	
13:30	
14	
14:30	
15	
15:30	
16	
16:30	
17	
17:30	
18	
18:30	
19	
19:30	
20	
20:30	
21	
21:30	
22	
Meus erros	
Meus acertos	

Organize hoje amanhã
1 ....
2 ....
3 ....

10
domingo

Maio

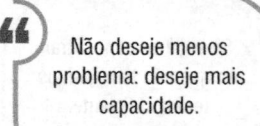

> "Não deseje menos problema: deseje mais capacidade."
> *Jim Rohn*

| 7 |
| 7:30 |
| 8 |
| 8:30 |
| 9 |
| 9:30 |
| 10 |
| 10:30 |
| 11 |
| 11:30 |
| 12 |
| 12:30 |
| 13 |
| 13:30 |
| 14 |
| 14:30 |
| 15 |
| 15:30 |
| 16 |
| 16:30 |
| 17 |
| 17:30 |
| 18 |
| 18:30 |
| 19 |
| 19:30 |
| 20 |
| 20:30 |
| 21 |
| 21:30 |
| 22 |
| Meus erros |
| Meus acertos |

Organize hoje amanhã

1 ___
2 ___
3 ___

> Muitas pessoas perdem as pequenas alegrias enquanto aguardam a grande felicidade.
> *Pearl Buck*

Maio

11 *segunda*

7	
7:30	
8	
8:30	
9	
9:30	
10	
10:30	
11	
11:30	
12	
12:30	
13	
13:30	
14	
14:30	
15	
15:30	
16	
16:30	
17	
17:30	
18	
18:30	
19	
19:30	
20	
20:30	
21	
21:30	
22	
Meus erros	
Meus acertos	

Organize hoje amanhã

1 ....
2 ....
3 ....

12 terça

Maio

> "Raros são aqueles que decidem após madura reflexão; os outros andam ao sabor das ondas e longe de se conduzirem deixam-se levar pelos primeiros."
> *Sêneca*

7
7:30
8
8:30
9
9:30
10
10:30
11
11:30
12
12:30
13
13:30
14
14:30
15
15:30
16
16:30
17
17:30
18
18:30
19
19:30
20
20:30
21
21:30
22

Meus erros
Meus acertos

Organize hoje amanhã

1 ....
2 ....
3 ....

> "Otimismo é esperar pelo melhor. Confiança é saber lidar com o pior."
> *Roberto Simonsen*

Maio

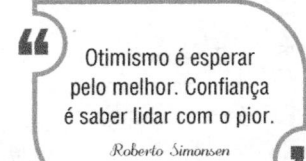

13 quarta

7	
7:30	
8	
8:30	
9	
9:30	
10	
10:30	
11	
11:30	
12	
12:30	
13	
13:30	
14	
14:30	
15	
15:30	
16	
16:30	
17	
17:30	
18	
18:30	
19	
19:30	
20	
20:30	
21	
21:30	
22	

Meus erros

Meus acertos

Organize hoje amanhã
1
2
3

14
quinta

Maio

> "O melhor amigo de qualquer homem é a sua autoimagem."
> *Maxwell Maltz*

7
7:30
8
8:30
9
9:30
10
10:30
11
11:30
12
12:30
13
13:30
14
14:30
15
15:30
16
16:30
17
17:30
18
18:30
19
19:30
20
20:30
21
21:30
22
Meus erros
Meus acertos

Organize hoje amanhã
1
2
3

> "A vida sem luta é um mar morto no centro do organismo universal."
> *Machado de Assis*

Maio

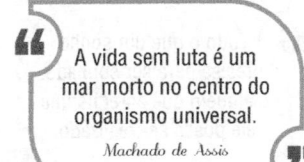

15 sexta

7	
7:30	
8	
8:30	
9	
9:30	
10	
10:30	
11	
11:30	
12	
12:30	
13	
13:30	
14	
14:30	
15	
15:30	
16	
16:30	
17	
17:30	
18	
18:30	
19	
19:30	
20	
20:30	
21	
21:30	
22	
Meus erros	
Meus acertos	

Organize hoje amanhã
1 ....
2 ....
3 ....

16
sábado

Maio

> "Tudo o que um sonho precisa para ser sonhado é alguém que acredite que ele possa ser realizado."
> — Roberto Shinyashiki

7
7:30
8
8:30
9
9:30
10
10:30
11
11:30
12
12:30
13
13:30
14
14:30
15
15:30
16
16:30
17
17:30
18
18:30
19
19:30
20
20:30
21
21:30
22
Meus erros
Meus acertos

Organize hoje amanhã
1
2
3

> "Viver é não ter a vergonha de ser feliz."
> — *Gonzaguinha*

Maio

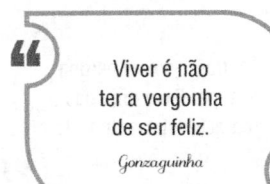

17 — domingo

Hora	
7	
7:30	
8	
8:30	
9	
9:30	
10	
10:30	
11	
11:30	
12	
12:30	
13	
13:30	
14	
14:30	
15	
15:30	
16	
16:30	
17	
17:30	
18	
18:30	
19	
19:30	
20	
20:30	
21	
21:30	
22	
Meus erros	
Meus acertos	

Organize hoje amanhã
1 ....
2 ....
3 ....

18
segunda

Maio

> "O fraco jamais perdoa: o perdão é uma das características do forte."
> *Mahamata Gandhi*

7
7:30
8
8:30
9
9:30
10
10:30
11
11:30
12
12:30
13
13:30
14
14:30
15
15:30
16
16:30
17
17:30
18
18:30
19
19:30
20
20:30
21
21:30
22
Meus erros
Meus acertos

Organize hoje amanhã
1
2
3

> "Há pessoas que choram por saber que as rosas têm espinhos. Há outras que sorriem por saber que os espinhos têm rosas."
> *Machado de Assis*

Maio

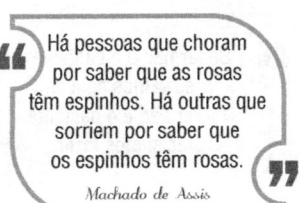

19 — *terça*

Hora	
7	
7:30	
8	
8:30	
9	
9:30	
10	
10:30	
11	
11:30	
12	
12:30	
13	
13:30	
14	
14:30	
15	
15:30	
16	
16:30	
17	
17:30	
18	
18:30	
19	
19:30	
20	
20:30	
21	
21:30	
22	
Meus erros	
Meus acertos	

Organize hoje amanhã

1 ....
2 ....
3 ....

20 quarta — Maio

> "Saber não é o bastante; precisamos aplicar. Querer não é o bastante, precisamos fazer."
> — Bruce Lee

- 7
- 7:30
- 8
- 8:30
- 9
- 9:30
- 10
- 10:30
- 11
- 11:30
- 12
- 12:30
- 13
- 13:30
- 14
- 14:30
- 15
- 15:30
- 16
- 16:30
- 17
- 17:30
- 18
- 18:30
- 19
- 19:30
- 20
- 20:30
- 21
- 21:30
- 22
- Meus erros
- Meus acertos

Organize hoje amanhã

1.
2.
3.

> Não ergas alto um edifício sem fortes alicerces, se os fizeres viverás com medo.
> *Sabedoria persa*

Maio

21 *quinta*

7	
7:30	
8	
8:30	
9	
9:30	
10	
10:30	
11	
11:30	
12	
12:30	
13	
13:30	
14	
14:30	
15	
15:30	
16	
16:30	
17	
17:30	
18	
18:30	
19	
19:30	
20	
20:30	
21	
21:30	
22	
Meus erros	
Meus acertos	

Organize hoje amanhã
1
2
3

22
sexta

Maio

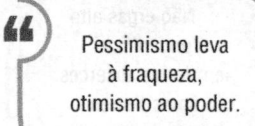

> "Pessimismo leva à fraqueza, otimismo ao poder."
> — William James

| 7 |
| 7:30 |
| 8 |
| 8:30 |
| 9 |
| 9:30 |
| 10 |
| 10:30 |
| 11 |
| 11:30 |
| 12 |
| 12:30 |
| 13 |
| 13:30 |
| 14 |
| 14:30 |
| 15 |
| 15:30 |
| 16 |
| 16:30 |
| 17 |
| 17:30 |
| 18 |
| 18:30 |
| 19 |
| 19:30 |
| 20 |
| 20:30 |
| 21 |
| 21:30 |
| 22 |
| Meus erros |
| Meus acertos |

Organize hoje amanhã
1.
2.
3.

> Imagine uma nova história para a sua vida e acredite nela.
> *Paulo Coelho*

Maio

23 sábado

Hora	
7	
7:30	
8	
8:30	
9	
9:30	
10	
10:30	
11	
11:30	
12	
12:30	
13	
13:30	
14	
14:30	
15	
15:30	
16	
16:30	
17	
17:30	
18	
18:30	
19	
19:30	
20	
20:30	
21	
21:30	
22	
Meus erros	
Meus acertos	

Organize hoje amanhã
1 .....
2 .....
3 .....

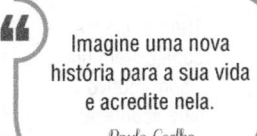

24
domingo

Maio

> "Tudo o que lhe acontece tem um bom motivo para acontecer."
> *Sharon Lebell*

7

7:30

8

8:30

9

9:30

10

10:30

11

11:30

12

12:30

13

13:30

14

14:30

15

15:30

16

16:30

17

17:30

18

18:30

19

19:30

20

20:30

21

21:30

22

Meus erros

Meus acertos

Organize hoje amanhã

1 ....
2 ....
3 ....

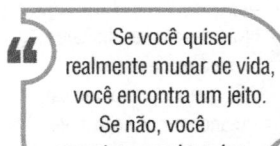

> Se você quiser realmente mudar de vida, você encontra um jeito. Se não, você encontra uma desculpa.
>
> *Jen Sincero*

Maio

25
segunda

Hora	
7	
7:30	
8	
8:30	
9	
9:30	
10	
10:30	
11	
11:30	
12	
12:30	
13	
13:30	
14	
14:30	
15	
15:30	
16	
16:30	
17	
17:30	
18	
18:30	
19	
19:30	
20	
20:30	
21	
21:30	
22	

Meus erros

Meus acertos

Organize hoje amanhã
1
2
3

26
terça

Maio

> Não desanimes, imita os mestres de exercícios, que quando um aluno cai, mandam que se levante e lute novamente.
> *Epicteto*

7
7:30
8
8:30
9
9:30
10
10:30
11
11:30
12
12:30
13
13:30
14
14:30
15
15:30
16
16:30
17
17:30
18
18:30
19
19:30
20
20:30
21
21:30
22

Meus erros

Meus acertos

Organize hoje amanhã
1
2
3

> "Qualquer objetivo principal definido deliberadamente fixado na mente e nela conservado, tendo-se a determinação de realizá-lo, acaba por saturar todo o subconsciente até influenciar automaticamente a ação física do corpo, para a consecução do referido propósito."
>
> *Napoleon Hill*

Maio 27 — quarta

7	
7:30	
8	
8:30	
9	
9:30	
10	
10:30	
11	
11:30	
12	
12:30	
13	
13:30	
14	
14:30	
15	
15:30	
16	
16:30	
17	
17:30	
18	
18:30	
19	
19:30	
20	
20:30	
21	
21:30	
22	
Meus erros	
Meus acertos	

Organize hoje amanhã
1.
2.
3.

28 quinta

Maio

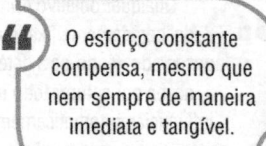

> O esforço constante compensa, mesmo que nem sempre de maneira imediata e tangível.
>
> *Gary Kasparov*

7
7:30
8
8:30
9
9:30
10
10:30
11
11:30
12
12:30
13
13:30
14
14:30
15
15:30
16
16:30
17
17:30
18
18:30
19
19:30
20
20:30
21
21:30
22
Meus erros
Meus acertos

Organize hoje amanhã

1 ....
2 ....
3 ....

> "Já observei que muitas pessoas progridem durante o tempo que outras perdem."
> *Henry Ford*

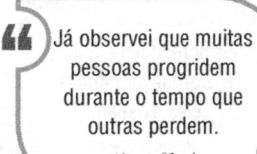

Maio

29
sexta

Hora	
7	
7:30	
8	
8:30	
9	
9:30	
10	
10:30	
11	
11:30	
12	
12:30	
13	
13:30	
14	
14:30	
15	
15:30	
16	
16:30	
17	
17:30	
18	
18:30	
19	
19:30	
20	
20:30	
21	
21:30	
22	
Meus erros	
Meus acertos	

Organize hoje amanhã
1 ....
2 ....
3 ....

30
sábado

Maio

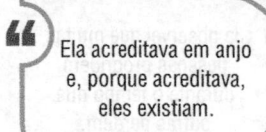

> "Ela acreditava em anjo e, porque acreditava, eles existiam."
> — Clarice Lispector

7
7:30
8
8:30
9
9:30
10
10:30
11
11:30
12
12:30
13
13:30
14
14:30
15
15:30
16
16:30
17
17:30
18
18:30
19
19:30
20
20:30
21
21:30
22

Meus erros
Meus acertos

Organize hoje amanhã
1
2
3

> "O que passou não voltará."
> *Gloria Hurtado*

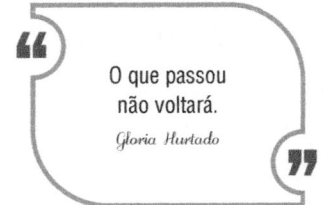

Maio

31 *domingo*

Hora	
7	
7:30	
8	
8:30	
9	
9:30	
10	
10:30	
11	
11:30	
12	
12:30	
13	
13:30	
14	
14:30	
15	
15:30	
16	
16:30	
17	
17:30	
18	
18:30	
19	
19:30	
20	
20:30	
21	
21:30	
22	
Meus erros	
Meus acertos	

Organize hoje amanhã
1 ...
2 ...
3 ...

> "Quando você inventa uma desculpa, está se enganando."
> *Gustavo Nogueira*

Revisão das metas
Maio 2020

CUMPRIDAS

_____
_____
_____
_____
_____
_____
_____
_____
_____

AINDA NÃO CUMPRIDAS

_____
_____
_____
_____
_____
_____
_____
_____
_____

Maio 2020

Qual a sua sensação a respeito das metas cumpridas? Como você se sente vendo-as alcançadas?

_____
_____
_____
_____
_____
_____
_____
_____
_____

Qual a sua sensação a respeito das metas não cumpridas? Como você se sente vendo-as não sendo alcançadas? Por quê você não conseguiu cumpri-las? O que você – e somente você – pode fazer para mudar isso?

_____
_____
_____
_____
_____
_____
_____
_____
_____

junho

Junho – 2020

SEMANA 1

To Do – tarefas

	2ªf. 01	3ªf. 02	4ªf. 03	5ªf. 04	6ªf. 05	Sáb. 06
Dom. 07	2ªf. 08	3ªf. 09	4ªf. 10	5ªf. 11	6ªf. 12	Sáb. 13
Dom. 14	2ªf. 15	3ªf. 16	4ªf. 17	5ªf. 18	6ªf. 19	Sáb. 20
Dom. 21	2ªf. 22	3ªf. 23	4ªf. 24	5ªf. 25	6ªf. 26	Sáb. 27
Dom. 28	2ªf. 29	3ªf. 30				

ACREDITAMOS NO PODER DO RABISCO!

Rabisque aqui tudo o que você quiser!

> "A vida sem luta é um mar morto no centro do organismo universal."
> — Machado de Assis

Junho

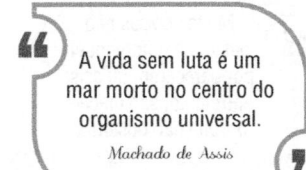

1 segunda

- 7
- 7:30
- 8
- 8:30
- 9
- 9:30
- 10
- 10:30
- 11
- 11:30
- 12
- 12:30
- 13
- 13:30
- 14
- 14:30
- 15
- 15:30
- 16
- 16:30
- 17
- 17:30
- 18
- 18:30
- 19
- 19:30
- 20
- 20:30
- 21
- 21:30
- 22
- Meus erros
- Meus acertos

Organize hoje amanhã
1
2
3

2
terça

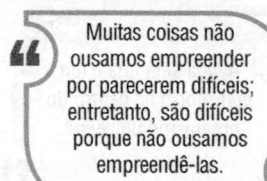

Junho

> "Muitas coisas não ousamos empreender por parecerem difíceis; entretanto, são difíceis porque não ousamos empreendê-las."
> *Sêneca*

7	
7:30	
8	
8:30	
9	
9:30	
10	
10:30	
11	
11:30	
12	
12:30	
13	
13:30	
14	
14:30	
15	
15:30	
16	
16:30	
17	
17:30	
18	
18:30	
19	
19:30	
20	
20:30	
21	
21:30	
22	
Meus erros	
Meus acertos	

Organize hoje amanhã

1 ....
2 ....
3 ....

> "Quem se apaixona por si mesmo não tem rivais."
> — Benjamin Franklin

Junho

3 quarta

7	
7:30	
8	
8:30	
9	
9:30	
10	
10:30	
11	
11:30	
12	
12:30	
13	
13:30	
14	
14:30	
15	
15:30	
16	
16:30	
17	
17:30	
18	
18:30	
19	
19:30	
20	
20:30	
21	
21:30	
22	
Meus erros	
Meus acertos	

Organize hoje amanhã

1 ......
2 ......
3 ......

4
quinta

Junho

> "Correr atrás dos nossos sonhos é o que dá sabor à vida, e não existe nada melhor do que isso."
> — *Ray Dalio*

7
7:30
8
8:30
9
9:30
10
10:30
11
11:30
12
12:30
13
13:30
14
14:30
15
15:30
16
16:30
17
17:30
18
18:30
19
19:30
20
20:30
21
21:30
22
Meus erros
Meus acertos

Organize hoje amanhã
1
2
3

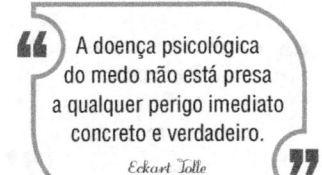

> A doença psicológica do medo não está presa a qualquer perigo imediato concreto e verdadeiro.
> — Eckart Tolle

Junho

5 sexta

7	
7:30	
8	
8:30	
9	
9:30	
10	
10:30	
11	
11:30	
12	
12:30	
13	
13:30	
14	
14:30	
15	
15:30	
16	
16:30	
17	
17:30	
18	
18:30	
19	
19:30	
20	
20:30	
21	
21:30	
22	
Meus erros	
Meus acertos	

Organize hoje amanhã

1 ....
2 ....
3 ....

6
sábado

Junho

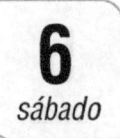

> "As redes sociais são úteis apenas se estimularem as pessoas a realizar ações reais."
> *Arun Ghandi*

7
7:30
8
8:30
9
9:30
10
10:30
11
11:30
12
12:30
13
13:30
14
14:30
15
15:30
16
16:30
17
17:30
18
18:30
19
19:30
20
20:30
21
21:30
22
Meus erros
Meus acertos

Organize hoje amanhã

1 ....
2 ....
3 ....

> A vida começa todos os dias.
> *Érico Veríssimo*

Junho

7
domingo

Hora	
7	
7:30	
8	
8:30	
9	
9:30	
10	
10:30	
11	
11:30	
12	
12:30	
13	
13:30	
14	
14:30	
15	
15:30	
16	
16:30	
17	
17:30	
18	
18:30	
19	
19:30	
20	
20:30	
21	
21:30	
22	
Meus erros	
Meus acertos	

Organize hoje amanhã

1 ....
2 ....
3 ....

8
segunda

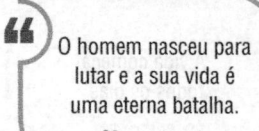

Junho

> "O homem nasceu para lutar e a sua vida é uma eterna batalha."
> *Thomas Carlyle*

Horário	
7	
7:30	
8	
8:30	
9	
9:30	
10	
10:30	
11	
11:30	
12	
12:30	
13	
13:30	
14	
14:30	
15	
15:30	
16	
16:30	
17	
17:30	
18	
18:30	
19	
19:30	
20	
20:30	
21	
21:30	
22	
Meus erros	
Meus acertos	

Organize hoje amanhã

1 ....
2 ....
3 ....

> "Não tenha medo de renunciar a algo bom para perseguir algo grandioso."
> *John D. Rockefeller*

Junho

9
terça

7	
7:30	
8	
8:30	
9	
9:30	
10	
10:30	
11	
11:30	
12	
12:30	
13	
13:30	
14	
14:30	
15	
15:30	
16	
16:30	
17	
17:30	
18	
18:30	
19	
19:30	
20	
20:30	
21	
21:30	
22	
Meus erros	
Meus acertos	

Organize hoje amanhã
1 ....
2 ....
3 ....

10
quarta

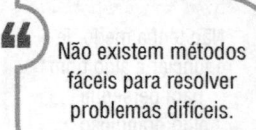

Junho

> "Não existem métodos fáceis para resolver problemas difíceis."
> *René Descartes*

7
7:30
8
8:30
9
9:30
10
10:30
11
11:30
12
12:30
13
13:30
14
14:30
15
15:30
16
16:30
17
17:30
18
18:30
19
19:30
20
20:30
21
21:30
22
Meus erros
Meus acertos

Organize hoje amanhã

1
2
3

> Preguiça, o hábito de descansar antes da fadiga.
> — Jules Renard

Junho

11 quinta

7
7:30
8
8:30
9
9:30
10
10:30
11
11:30
12
12:30
13
13:30
14
14:30
15
15:30
16
16:30
17
17:30
18
18:30
19
19:30
20
20:30
21
21:30
22
Meus erros
Meus acertos

Organize hoje amanhã
1
2
3

12
sexta

Junho

> "Conheça o inimigo e a si mesmo e você obterá a vitória sem qualquer perigo."
> — Sun Tzu

7
7:30
8
8:30
9
9:30
10
10:30
11
11:30
12
12:30
13
13:30
14
14:30
15
15:30
16
16:30
17
17:30
18
18:30
19
19:30
20
20:30
21
21:30
22

Meus erros
Meus acertos

Organize hoje amanhã
1
2
3

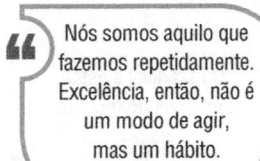

> "Nós somos aquilo que fazemos repetidamente. Excelência, então, não é um modo de agir, mas um hábito."
> *Will Durant*

Junho

13
sábado

Hora	
7	
7:30	
8	
8:30	
9	
9:30	
10	
10:30	
11	
11:30	
12	
12:30	
13	
13:30	
14	
14:30	
15	
15:30	
16	
16:30	
17	
17:30	
18	
18:30	
19	
19:30	
20	
20:30	
21	
21:30	
22	
Meus erros	
Meus acertos	

Organize hoje amanhã
1 _____
2 _____
3 _____

14 domingo

Junho

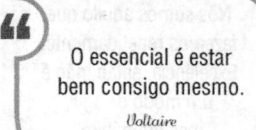

> O essencial é estar bem consigo mesmo.
> *Voltaire*

Hora	
7	
7:30	
8	
8:30	
9	
9:30	
10	
10:30	
11	
11:30	
12	
12:30	
13	
13:30	
14	
14:30	
15	
15:30	
16	
16:30	
17	
17:30	
18	
18:30	
19	
19:30	
20	
20:30	
21	
21:30	
22	
Meus erros	
Meus acertos	

Organize hoje amanhã

1.
2.
3.

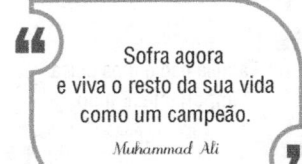

> **Sofra agora e viva o resto da sua vida como um campeão.**
> *Muhammad Ali*

Junho

15 *segunda*

Hora	
7	
7:30	
8	
8:30	
9	
9:30	
10	
10:30	
11	
11:30	
12	
12:30	
13	
13:30	
14	
14:30	
15	
15:30	
16	
16:30	
17	
17:30	
18	
18:30	
19	
19:30	
20	
20:30	
21	
21:30	
22	
Meus erros	
Meus acertos	

Organize hoje amanhã
1 ....
2 ....
3 ....

16 terça

Junho

> "Família não é uma coisa importante. É tudo."
> *Michael J. Fox*

Hora	
7	
7:30	
8	
8:30	
9	
9:30	
10	
10:30	
11	
11:30	
12	
12:30	
13	
13:30	
14	
14:30	
15	
15:30	
16	
16:30	
17	
17:30	
18	
18:30	
19	
19:30	
20	
20:30	
21	
21:30	
22	
Meus erros	
Meus acertos	

Organize hoje amanhã

1 ....
2 ....
3 ....

> "Todas as adversidades que eu tive na minha vida, todos os meus problemas e obstáculos, fortaleceram-me..."
> — Walt Disney

Junho

17 quarta

Hora	
7	
7:30	
8	
8:30	
9	
9:30	
10	
10:30	
11	
11:30	
12	
12:30	
13	
13:30	
14	
14:30	
15	
15:30	
16	
16:30	
17	
17:30	
18	
18:30	
19	
19:30	
20	
20:30	
21	
21:30	
22	
Meus erros	
Meus acertos	

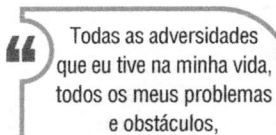

Organize hoje amanhã

1 ....
2 ....
3 ....

18
quinta

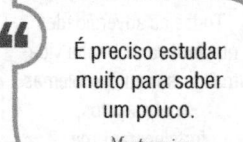

Junho

> "É preciso estudar muito para saber um pouco."
> *Montesquieu*

Hora	
7	
7:30	
8	
8:30	
9	
9:30	
10	
10:30	
11	
11:30	
12	
12:30	
13	
13:30	
14	
14:30	
15	
15:30	
16	
16:30	
17	
17:30	
18	
18:30	
19	
19:30	
20	
20:30	
21	
21:30	
22	
Meus erros	
Meus acertos	

Organize hoje amanhã

1 ....
2 ....
3 ....

> **Um bom descanso é metade do trabalho.**
> *Provérbio iugoslavo*

Junho

19 sexta

7	
7:30	
8	
8:30	
9	
9:30	
10	
10:30	
11	
11:30	
12	
12:30	
13	
13:30	
14	
14:30	
15	
15:30	
16	
16:30	
17	
17:30	
18	
18:30	
19	
19:30	
20	
20:30	
21	
21:30	
22	
Meus erros	
Meus acertos	

Organize hoje amanhã

1 ....
2 ....
3 ....

20
sábado

Junho

> "Você faz suas escolhas e suas escolhas fazem você."
> *William Shakespeare*

Horário	
7	
7:30	
8	
8:30	
9	
9:30	
10	
10:30	
11	
11:30	
12	
12:30	
13	
13:30	
14	
14:30	
15	
15:30	
16	
16:30	
17	
17:30	
18	
18:30	
19	
19:30	
20	
20:30	
21	
21:30	
22	
Meus erros	
Meus acertos	

Organize hoje amanhã

1 ....
2 ....
3 ....

> "Se você conviver com galinhas, você vai cacarejar e se você conviver com águias, você vai voar."
> — Steve Maraboli

Junho

21 domingo

Hora	
7	
7:30	
8	
8:30	
9	
9:30	
10	
10:30	
11	
11:30	
12	
12:30	
13	
13:30	
14	
14:30	
15	
15:30	
16	
16:30	
17	
17:30	
18	
18:30	
19	
19:30	
20	
20:30	
21	
21:30	
22	
Meus erros	
Meus acertos	

Organize hoje amanhã

1. ....
2. ....
3. ....

22
segunda

Junho

> "Não há grandeza onde não há verdade."
> Gotthold Lessing

7
7:30
8
8:30
9
9:30
10
10:30
11
11:30
12
12:30
13
13:30
14
14:30
15
15:30
16
16:30
17
17:30
18
18:30
19
19:30
20
20:30
21
21:30
22
Meus erros
Meus acertos

Organize hoje amanhã
1
2
3

> "Quando você escreve o seu objetivo, isso te obriga a ter clareza sobre o que você quer."
> *Gustavo Nogueira*

Junho

23
terça

Hora	
7	
7:30	
8	
8:30	
9	
9:30	
10	
10:30	
11	
11:30	
12	
12:30	
13	
13:30	
14	
14:30	
15	
15:30	
16	
16:30	
17	
17:30	
18	
18:30	
19	
19:30	
20	
20:30	
21	
21:30	
22	
Meus erros	
Meus acertos	

Organize hoje amanhã

1 ....
2 ....
3 ....

24
quarta

Junho

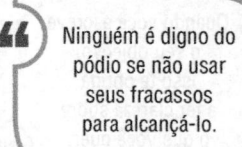

> "Ninguém é digno do pódio se não usar seus fracassos para alcançá-lo."
> *Augusto Cury*

7
7:30
8
8:30
9
9:30
10
10:30
11
11:30
12
12:30
13
13:30
14
14:30
15
15:30
16
16:30
17
17:30
18
18:30
19
19:30
20
20:30
21
21:30
22

Meus erros

Meus acertos

Organize hoje amanhã

1
2
3

> "Eu acredito que nós nunca devemos pegar conselhos com alguém que não tem o que a gente quer."
> *Jim Stovall*

Junho

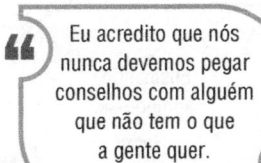

25
quinta

7	
7:30	
8	
8:30	
9	
9:30	
10	
10:30	
11	
11:30	
12	
12:30	
13	
13:30	
14	
14:30	
15	
15:30	
16	
16:30	
17	
17:30	
18	
18:30	
19	
19:30	
20	
20:30	
21	
21:30	
22	
Meus erros	
Meus acertos	

Organize hoje amanhã
1 ....
2 ....
3 ....

26
sexta

Junho

> Ensinando, aprende-se.
> *Sêneca*

Hora	
7	
7:30	
8	
8:30	
9	
9:30	
10	
10:30	
11	
11:30	
12	
12:30	
13	
13:30	
14	
14:30	
15	
15:30	
16	
16:30	
17	
17:30	
18	
18:30	
19	
19:30	
20	
20:30	
21	
21:30	
22	
Meus erros	
Meus acertos	

Organize hoje amanhã
1
2
3

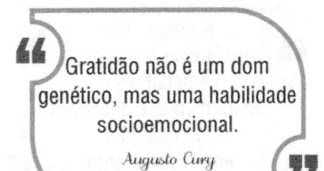

> "Gratidão não é um dom genético, mas uma habilidade socioemocional."
> *Augusto Cury*

Junho

27
sábado

Hora	
7	
7:30	
8	
8:30	
9	
9:30	
10	
10:30	
11	
11:30	
12	
12:30	
13	
13:30	
14	
14:30	
15	
15:30	
16	
16:30	
17	
17:30	
18	
18:30	
19	
19:30	
20	
20:30	
21	
21:30	
22	

Meus erros

Meus acertos

Organize hoje amanhã
1 ....
2 ....
3 ....

28
domingo

Junho

> "A preparação preliminar e o campo de batalha são absolutamente decisivos em qualquer empreendimento."
> — *Gary Kasparov*

Horário	
7	
7:30	
8	
8:30	
9	
9:30	
10	
10:30	
11	
11:30	
12	
12:30	
13	
13:30	
14	
14:30	
15	
15:30	
16	
16:30	
17	
17:30	
18	
18:30	
19	
19:30	
20	
20:30	
21	
21:30	
22	

Meus erros

Meus acertos

Organize hoje amanhã
1.
2.
3.

> Nenhuma criatura humana é dotada de capacidade de previsão suficiente para formular planos que não precisem de mudanças e adaptações.
> *Napoleon Hill*

Junho

29
segunda

Hora	
7	
7:30	
8	
8:30	
9	
9:30	
10	
10:30	
11	
11:30	
12	
12:30	
13	
13:30	
14	
14:30	
15	
15:30	
16	
16:30	
17	
17:30	
18	
18:30	
19	
19:30	
20	
20:30	
21	
21:30	
22	

Meus erros

Meus acertos

Organize hoje amanhã

1 ....
2 ....
3 ....

30 terça

Junho

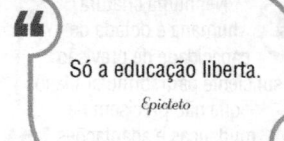

> "Só a educação liberta."
> *Epicteto*

Hora	
7	
7:30	
8	
8:30	
9	
9:30	
10	
10:30	
11	
11:30	
12	
12:30	
13	
13:30	
14	
14:30	
15	
15:30	
16	
16:30	
17	
17:30	
18	
18:30	
19	
19:30	
20	
20:30	
21	
21:30	
22	
Meus erros	
Meus acertos	

Organize hoje amanhã

1. ....
2. ....
3. ....

> A aprovação começa na mente, e é impossível de ser alcançada se a sua atitude mental por hostil.
>
> *Gustavo Nogueira*

Revisão das metas
Junho 2020

CUMPRIDAS

_____
_____
_____
_____
_____
_____
_____
_____
_____

AINDA NÃO CUMPRIDAS

_____
_____
_____
_____
_____
_____
_____
_____
_____
_____

Junho 2020

Qual a sua sensação a respeito das metas cumpridas? Como você se sente vendo-as alcançadas?

_____
_____
_____
_____
_____
_____
_____
_____

Qual a sua sensação a respeito das metas não cumpridas? Como você se sente vendo-as não sendo alcançadas? Por quê você não conseguiu cumpri-las? O que você – e somente você – pode fazer para mudar isso?

_____
_____
_____
_____
_____
_____
_____
_____

julho

Julho – 2020

SEMANA 1

To Do – tarefas

			4ªf. 01	5ªf. 02	6ªf. 03	Sáb. 04
Dom. 05	2ªf. 06	3ªf. 07	4ªf. 08	5ªf. 09	6ªf. 10	Sáb. 11
Dom. 12	2ªf. 13	3ªf. 14	4ªf. 15	5ªf. 16	6ªf. 17	Sáb. 18
Dom. 19	2ªf. 20	3ªf. 21	4ªf. 22	5ªf. 23	6ªf. 24	Sáb. 25
Dom. 26	2ªf. 27	3ªf. 28	4ªf. 29	5ªf. 30	6ªf. 31	

ACREDITAMOS NO PODER DO RABISCO!

Rabisque aqui tudo o que você quiser!

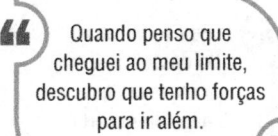

> "Quando penso que cheguei ao meu limite, descubro que tenho forças para ir além."
> *Ayrton Senna*

Julho

1 quarta

7	
7:30	
8	
8:30	
9	
9:30	
10	
10:30	
11	
11:30	
12	
12:30	
13	
13:30	
14	
14:30	
15	
15:30	
16	
16:30	
17	
17:30	
18	
18:30	
19	
19:30	
20	
20:30	
21	
21:30	
22	
Meus erros	
Meus acertos	

Organize hoje amanhã

1. ....
2. ....
3. ....

2
quinta

Julho

> "Eu não fracassei. Só descobri 10 mil maneiras que não deram certo."
> *Thomas Edison*

| 7 |
| 7:30 |
| 8 |
| 8:30 |
| 9 |
| 9:30 |
| 10 |
| 10:30 |
| 11 |
| 11:30 |
| 12 |
| 12:30 |
| 13 |
| 13:30 |
| 14 |
| 14:30 |
| 15 |
| 15:30 |
| 16 |
| 16:30 |
| 17 |
| 17:30 |
| 18 |
| 18:30 |
| 19 |
| 19:30 |
| 20 |
| 20:30 |
| 21 |
| 21:30 |
| 22 |
| Meus erros |
| Meus acertos |

Organize hoje amanhã

1.
2.
3.

> Se você quer chegar onde a maioria não chega, faça o que a maioria não faz.
> *Bill Gates*

Julho

3 sexta

7	
7:30	
8	
8:30	
9	
9:30	
10	
10:30	
11	
11:30	
12	
12:30	
13	
13:30	
14	
14:30	
15	
15:30	
16	
16:30	
17	
17:30	
18	
18:30	
19	
19:30	
20	
20:30	
21	
21:30	
22	
Meus erros	
Meus acertos	

Organize hoje amanhã

1 ....
2 ....
3 ....

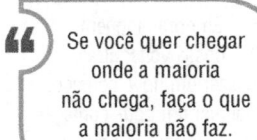

4
sábado

Julho

> "Embora ninguém possa voltar atrás e fazer um novo começo, qualquer um pode começar agora e fazer um novo fim."
> *Chico Xavier*

7	
7:30	
8	
8:30	
9	
9:30	
10	
10:30	
11	
11:30	
12	
12:30	
13	
13:30	
14	
14:30	
15	
15:30	
16	
16:30	
17	
17:30	
18	
18:30	
19	
19:30	
20	
20:30	
21	
21:30	
22	
Meus erros	
Meus acertos	

Organize hoje amanhã

1 ....
2 ....
3 ....

> Sente-se sufocado aquele sem um objetivo de vida.
> *Fiodor Dostoievsk*

Julho

5 *domingo*

7	
7:30	
8	
8:30	
9	
9:30	
10	
10:30	
11	
11:30	
12	
12:30	
13	
13:30	
14	
14:30	
15	
15:30	
16	
16:30	
17	
17:30	
18	
18:30	
19	
19:30	
20	
20:30	
21	
21:30	
22	
Meus erros	
Meus acertos	

Organize hoje amanhã

1 ....
2 ....
3 ....

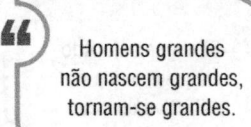

6
segunda

Julho

> "Homens grandes não nascem grandes, tornam-se grandes."
> *Don Corleone*

7
7:30
8
8:30
9
9:30
10
10:30
11
11:30
12
12:30
13
13:30
14
14:30
15
15:30
16
16:30
17
17:30
18
18:30
19
19:30
20
20:30
21
21:30
22
Meus erros
Meus acertos

Organize hoje amanhã
1
2
3

> "Às vezes os problemas são sinais de que chegou a hora de o guerreiro iniciar uma nova batalha."
> *Roberto Shinyashiki*

Julho

7
terça

7	
7:30	
8	
8:30	
9	
9:30	
10	
10:30	
11	
11:30	
12	
12:30	
13	
13:30	
14	
14:30	
15	
15:30	
16	
16:30	
17	
17:30	
18	
18:30	
19	
19:30	
20	
20:30	
21	
21:30	
22	
Meus erros	
Meus acertos	

Organize hoje amanhã
1 ....
2 ....
3 ....

8
quarta

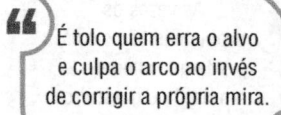

Julho

> "É tolo quem erra o alvo e culpa o arco ao invés de corrigir a própria mira."
> — Sun Tzu

7	
7:30	
8	
8:30	
9	
9:30	
10	
10:30	
11	
11:30	
12	
12:30	
13	
13:30	
14	
14:30	
15	
15:30	
16	
16:30	
17	
17:30	
18	
18:30	
19	
19:30	
20	
20:30	
21	
21:30	
22	
Meus erros	
Meus acertos	

Organize hoje amanhã

1. _____
2. _____
3. _____

> "Os que são loucos o suficiente para pensarem que podem mudar o mundo, são os que fazem."
> *Steve Jobs*

Julho

9 *quinta*

Horário	
7	
7:30	
8	
8:30	
9	
9:30	
10	
10:30	
11	
11:30	
12	
12:30	
13	
13:30	
14	
14:30	
15	
15:30	
16	
16:30	
17	
17:30	
18	
18:30	
19	
19:30	
20	
20:30	
21	
21:30	
22	
Meus erros	
Meus acertos	

Organize hoje amanhã
1
2
3

10 sexta

Julho

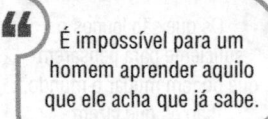

> "É impossível para um homem aprender aquilo que ele acha que já sabe."
> *Epicteto*

7	
7:30	
8	
8:30	
9	
9:30	
10	
10:30	
11	
11:30	
12	
12:30	
13	
13:30	
14	
14:30	
15	
15:30	
16	
16:30	
17	
17:30	
18	
18:30	
19	
19:30	
20	
20:30	
21	
21:30	
22	
Meus erros	
Meus acertos	

Organize hoje amanhã
1
2
3

> "Nada lhe trará sucesso senão você mesmo."
> *Napoleon Hill*

Julho

11
sábado

Hora	
7	
7:30	
8	
8:30	
9	
9:30	
10	
10:30	
11	
11:30	
12	
12:30	
13	
13:30	
14	
14:30	
15	
15:30	
16	
16:30	
17	
17:30	
18	
18:30	
19	
19:30	
20	
20:30	
21	
21:30	
22	

Meus erros

Meus acertos

Organize hoje amanhã
1 ....
2 ....
3 ....

12
domingo

Julho

> "Se pudéssemos saber primeiramente onde estamos e para onde nos dirigimos, teríamos a noção do que fazer e poderíamos julgar a melhor maneira para tal."
>
> *Abraham Lincoln*

7
7:30
8
8:30
9
9:30
10
10:30
11
11:30
12
12:30
13
13:30
14
14:30
15
15:30
16
16:30
17
17:30
18
18:30
19
19:30
20
20:30
21
21:30
22
Meus erros
Meus acertos

Organize hoje amanhã

1
2
3

> Mudar não basta.
> É preciso se transformar.
> *Gustavo Nogueira*

Julho

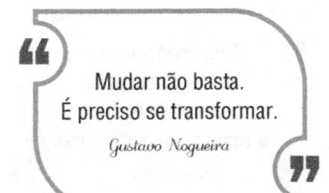

13 *segunda*

Hora	
7	
7:30	
8	
8:30	
9	
9:30	
10	
10:30	
11	
11:30	
12	
12:30	
13	
13:30	
14	
14:30	
15	
15:30	
16	
16:30	
17	
17:30	
18	
18:30	
19	
19:30	
20	
20:30	
21	
21:30	
22	
Meus erros	
Meus acertos	

Organize hoje amanhã
1.
2.
3.

14
terça

Julho

> "Nos negócios, as oportunidades são como ônibus, há sempre um outro vindo."
> — *Richard Branson*

Hora	
7	
7:30	
8	
8:30	
9	
9:30	
10	
10:30	
11	
11:30	
12	
12:30	
13	
13:30	
14	
14:30	
15	
15:30	
16	
16:30	
17	
17:30	
18	
18:30	
19	
19:30	
20	
20:30	
21	
21:30	
22	
Meus erros	
Meus acertos	

Organize hoje amanhã

1 _____
2 _____
3 _____

> "Quanto mais eu treino, mais sorte eu tenho."
> — Arnold Palmer

Julho

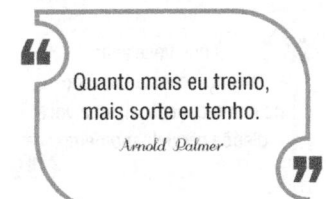

15
quarta

7	
7:30	
8	
8:30	
9	
9:30	
10	
10:30	
11	
11:30	
12	
12:30	
13	
13:30	
14	
14:30	
15	
15:30	
16	
16:30	
17	
17:30	
18	
18:30	
19	
19:30	
20	
20:30	
21	
21:30	
22	
Meus erros	
Meus acertos	

Organize hoje amanhã
1 ....
2 ....
3 ....

16
quinta

Julho

> "O que você acha alcançável está baseado no conhecimento de que você dispõe naquele momento."
> *Ray Dalio*

7
7:30
8
8:30
9
9:30
10
10:30
11
11:30
12
12:30
13
13:30
14
14:30
15
15:30
16
16:30
17
17:30
18
18:30
19
19:30
20
20:30
21
21:30
22

Meus erros

Meus acertos

Organize hoje amanhã
1
2
3

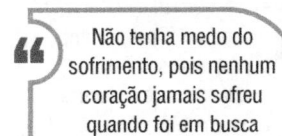

> "Não tenha medo do sofrimento, pois nenhum coração jamais sofreu quando foi em busca dos seus sonhos."
> — Paulo Coelho

Julho

17 sexta

Hora	
7	
7:30	
8	
8:30	
9	
9:30	
10	
10:30	
11	
11:30	
12	
12:30	
13	
13:30	
14	
14:30	
15	
15:30	
16	
16:30	
17	
17:30	
18	
18:30	
19	
19:30	
20	
20:30	
21	
21:30	
22	
Meus erros	
Meus acertos	

Organize hoje amanhã

1 ....
2 ....
3 ....

18 sábado

Julho

> "O primeiro passo rumo ao sucesso é dado quando você se recusa a ser um refém do ambiente em que se encontra."
> — Mark Caine

Hora	
7	
7:30	
8	
8:30	
9	
9:30	
10	
10:30	
11	
11:30	
12	
12:30	
13	
13:30	
14	
14:30	
15	
15:30	
16	
16:30	
17	
17:30	
18	
18:30	
19	
19:30	
20	
20:30	
21	
21:30	
22	

Meus erros

Meus acertos

Organize hoje amanhã

1.
2.
3.

> "O que não provoca minha morte faz com que eu fique mais forte."
> *Friedrich Nietzsche*

Julho

19 *domingo*

- 7
- 7:30
- 8
- 8:30
- 9
- 9:30
- 10
- 10:30
- 11
- 11:30
- 12
- 12:30
- 13
- 13:30
- 14
- 14:30
- 15
- 15:30
- 16
- 16:30
- 17
- 17:30
- 18
- 18:30
- 19
- 19:30
- 20
- 20:30
- 21
- 21:30
- 22
- Meus erros
- Meus acertos

Organize hoje amanhã
1
2
3

20 segunda

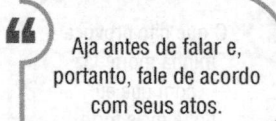

Julho

> "Aja antes de falar e, portanto, fale de acordo com seus atos."
> *Confúcio*

Hora	
7	
7:30	
8	
8:30	
9	
9:30	
10	
10:30	
11	
11:30	
12	
12:30	
13	
13:30	
14	
14:30	
15	
15:30	
16	
16:30	
17	
17:30	
18	
18:30	
19	
19:30	
20	
20:30	
21	
21:30	
22	
Meus erros	
Meus acertos	

Organize hoje amanhã
1.
2.
3.

> **Lágrimas não são argumentos.**
> *Machado de Assis*

Julho

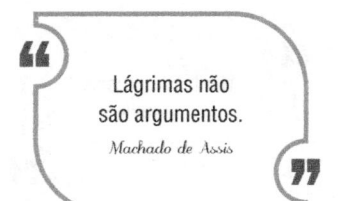

21
terça

7
7:30
8
8:30
9
9:30
10
10:30
11
11:30
12
12:30
13
13:30
14
14:30
15
15:30
16
16:30
17
17:30
18
18:30
19
19:30
20
20:30
21
21:30
22
Meus erros
Meus acertos

Organize hoje amanhã
1
2
3

22
quarta

Julho

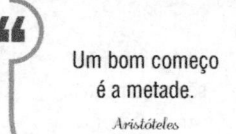

> "Um bom começo é a metade."
> *Aristóteles*

7
7:30
8
8:30
9
9:30
10
10:30
11
11:30
12
12:30
13
13:30
14
14:30
15
15:30
16
16:30
17
17:30
18
18:30
19
19:30
20
20:30
21
21:30
22

Meus erros
Meus acertos

Organize hoje amanhã
1
2
3

> "A persistência é o caminho do êxito.
> *Charles Chaplin*"

Julho

23 quinta

Hora	
7	
7:30	
8	
8:30	
9	
9:30	
10	
10:30	
11	
11:30	
12	
12:30	
13	
13:30	
14	
14:30	
15	
15:30	
16	
16:30	
17	
17:30	
18	
18:30	
19	
19:30	
20	
20:30	
21	
21:30	
22	
Meus erros	
Meus acertos	

Organize hoje amanhã
1.
2.
3.

24
sexta

Julho

> "Só sei que nada sei."
> Sócrates

| 7 |
| 7:30 |
| 8 |
| 8:30 |
| 9 |
| 9:30 |
| 10 |
| 10:30 |
| 11 |
| 11:30 |
| 12 |
| 12:30 |
| 13 |
| 13:30 |
| 14 |
| 14:30 |
| 15 |
| 15:30 |
| 16 |
| 16:30 |
| 17 |
| 17:30 |
| 18 |
| 18:30 |
| 19 |
| 19:30 |
| 20 |
| 20:30 |
| 21 |
| 21:30 |
| 22 |
| Meus erros |
| Meus acertos |

Organize hoje amanhã

1.
2.
3.

> "A paz vem de dentro de você mesmo. Não a procure à sua volta."
> — Buda

Julho

25 — sábado

- 7
- 7:30
- 8
- 8:30
- 9
- 9:30
- 10
- 10:30
- 11
- 11:30
- 12
- 12:30
- 13
- 13:30
- 14
- 14:30
- 15
- 15:30
- 16
- 16:30
- 17
- 17:30
- 18
- 18:30
- 19
- 19:30
- 20
- 20:30
- 21
- 21:30
- 22

Meus erros

Meus acertos

Organize hoje amanhã
1.
2.
3.

26
domingo

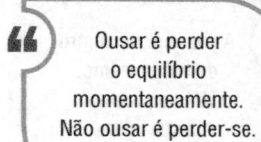

Julho

> "Ousar é perder o equilíbrio momentaneamente. Não ousar é perder-se."
> — Soren Kierkegaard

Hora	
7	
7:30	
8	
8:30	
9	
9:30	
10	
10:30	
11	
11:30	
12	
12:30	
13	
13:30	
14	
14:30	
15	
15:30	
16	
16:30	
17	
17:30	
18	
18:30	
19	
19:30	
20	
20:30	
21	
21:30	
22	

Meus erros

Meus acertos

Organize hoje amanhã
1.
2.
3.

> "Em vez de ficarmos parados e escondermos nossos erros para fingir que somos perfeitos, faz sentido descobrir nossas imperfeições e lidar com elas."
> *Ray Dalio*

Julho

27
segunda

7	
7:30	
8	
8:30	
9	
9:30	
10	
10:30	
11	
11:30	
12	
12:30	
13	
13:30	
14	
14:30	
15	
15:30	
16	
16:30	
17	
17:30	
18	
18:30	
19	
19:30	
20	
20:30	
21	
21:30	
22	
Meus erros	
Meus acertos	

Organize hoje amanhã
1.
2.
3.

28
terça

Julho

> "O submundo criado pela tecnologia nos deixa com a sensação de que estamos desabrigados."
> *Arun Ghandi*

7
7:30
8
8:30
9
9:30
10
10:30
11
11:30
12
12:30
13
13:30
14
14:30
15
15:30
16
16:30
17
17:30
18
18:30
19
19:30
20
20:30
21
21:30
22
Meus erros
Meus acertos

Organize hoje amanhã
1
2
3

> "Dificuldades preparam pessoas comuns para destinos extraordinários."
> — C. S. Lewis

Julho

29 *quarta*

Hora	
7	
7:30	
8	
8:30	
9	
9:30	
10	
10:30	
11	
11:30	
12	
12:30	
13	
13:30	
14	
14:30	
15	
15:30	
16	
16:30	
17	
17:30	
18	
18:30	
19	
19:30	
20	
20:30	
21	
21:30	
22	
Meus erros	
Meus acertos	

Organize hoje amanhã

1 ....
2 ....
3 ....

30 quinta

Julho

> "Que vossos esforços desafiem as impossibilidades, lembrai-vos de que grandes coisas do homem foram conquistadas do que parecia impossível."
> *Charles Chaplin*

| 7 |
| 7:30 |
| 8 |
| 8:30 |
| 9 |
| 9:30 |
| 10 |
| 10:30 |
| 11 |
| 11:30 |
| 12 |
| 12:30 |
| 13 |
| 13:30 |
| 14 |
| 14:30 |
| 15 |
| 15:30 |
| 16 |
| 16:30 |
| 17 |
| 17:30 |
| 18 |
| 18:30 |
| 19 |
| 19:30 |
| 20 |
| 20:30 |
| 21 |
| 21:30 |
| 22 |
| Meus erros |
| Meus acertos |

Organize hoje amanhã
1 ....
2 ....
3 ....

> Enfrente os seus obstáculos e faça alguma coisa em relação a eles. Você descobrirá que eles não têm metade da força que você pensava que eles tinham.
> *Norman Vincent Peale*

Julho

31
sexta

7	
7:30	
8	
8:30	
9	
9:30	
10	
10:30	
11	
11:30	
12	
12:30	
13	
13:30	
14	
14:30	
15	
15:30	
16	
16:30	
17	
17:30	
18	
18:30	
19	
19:30	
20	
20:30	
21	
21:30	
22	
Meus erros	
Meus acertos	

Organize hoje amanhã
1.
2.
3.

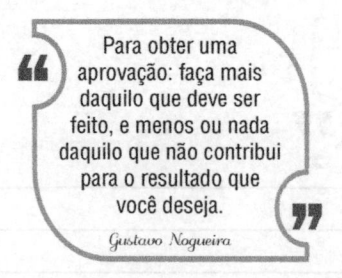

> "Para obter uma aprovação: faça mais daquilo que deve ser feito, e menos ou nada daquilo que não contribui para o resultado que você deseja."
>
> *Gustavo Nogueira*

Revisão das metas
Julho 2020

CUMPRIDAS

___

AINDA NÃO CUMPRIDAS

___

Julho 2020

Qual a sua sensação a respeito das metas cumpridas? Como você se sente vendo-as alcançadas?

_____
_____
_____
_____
_____
_____
_____
_____
_____

Qual a sua sensação a respeito das metas não cumpridas? Como você se sente vendo-as não sendo alcançadas? Por quê você não conseguiu cumpri-las? O que você – e somente você – pode fazer para mudar isso?

_____
_____
_____
_____
_____
_____
_____
_____
_____

Agosto

Agosto – 2020

SEMANA 1

To Do – tarefas

						Sáb. 01
Dom. 02	2ªf. 03	3ªf. 04	4ªf. 05	5ªf. 06	6ªf. 07	Sáb. 08
Dom. 09	2ªf. 10	3ªf. 11	4ªf. 12	5ªf. 13	6ªf. 14	Sáb. 15
Dom. 16	2ªf. 17	3ªf. 18	4ªf. 19	5ªf. 20	6ªf. 21	Sáb. 22
Dom. 23	2ªf. 24	3ªf. 25	4ªf. 26	5ªf. 27	6ªf. 28	Sáb. 29
Dom. 30	2ªf. 31					

ACREDITAMOS NO PODER DO RABISCO!

Rabisque aqui tudo o que você quiser!

> Metas são sonhos com prazo definido.
> *Dana Scharf-Hunt*

Agosto

1 *sábado*

Hora	
7	
7:30	
8	
8:30	
9	
9:30	
10	
10:30	
11	
11:30	
12	
12:30	
13	
13:30	
14	
14:30	
15	
15:30	
16	
16:30	
17	
17:30	
18	
18:30	
19	
19:30	
20	
20:30	
21	
21:30	
22	
Meus erros	
Meus acertos	

Organize hoje amanhã
1 ....
2 ....
3 ....

2
domingo

Agosto

> "Ninguém passa no concurso vivendo na zona de conforto."
> *Gustavo Nogueira*

7
7:30
8
8:30
9
9:30
10
10:30
11
11:30
12
12:30
13
13:30
14
14:30
15
15:30
16
16:30
17
17:30
18
18:30
19
19:30
20
20:30
21
21:30
22
Meus erros
Meus acertos

Organize hoje amanhã

1 _____
2 _____
3 _____

> As principais coisas da vida são conquistadas lentamente. E todas as conquistas implicam perdas pelo caminho.
> *Augusto Cury*

Agosto

3 *segunda*

Hora	
7	
7:30	
8	
8:30	
9	
9:30	
10	
10:30	
11	
11:30	
12	
12:30	
13	
13:30	
14	
14:30	
15	
15:30	
16	
16:30	
17	
17:30	
18	
18:30	
19	
19:30	
20	
20:30	
21	
21:30	
22	
Meus erros	
Meus acertos	

Organize hoje amanhã
1 ....
2 ....
3 ....

4
terça

Agosto

> O estrategista começa com um objetivo no futuro distante e trabalha em retrospecto até o presente.
>
> *Gary Kasparov*

| 7 |
| 7:30 |
| 8 |
| 8:30 |
| 9 |
| 9:30 |
| 10 |
| 10:30 |
| 11 |
| 11:30 |
| 12 |
| 12:30 |
| 13 |
| 13:30 |
| 14 |
| 14:30 |
| 15 |
| 15:30 |
| 16 |
| 16:30 |
| 17 |
| 17:30 |
| 18 |
| 18:30 |
| 19 |
| 19:30 |
| 20 |
| 20:30 |
| 21 |
| 21:30 |
| 22 |
| Meus erros |
| Meus acertos |

Organize hoje amanhã

1.
2.
3.

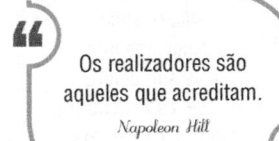

> "Os realizadores são aqueles que acreditam."
> — Napoleon Hill

Agosto

5 quarta

Hora	
7	
7:30	
8	
8:30	
9	
9:30	
10	
10:30	
11	
11:30	
12	
12:30	
13	
13:30	
14	
14:30	
15	
15:30	
16	
16:30	
17	
17:30	
18	
18:30	
19	
19:30	
20	
20:30	
21	
21:30	
22	

Meus erros

Meus acertos

Organize hoje amanhã
1 ....
2 ....
3 ....

6 quinta

Agosto

> "Não busque a felicidade fora, mas sim dentro de você, caso contrário nunca a encontrará."
> *Epicteto*

Horário	
7	
7:30	
8	
8:30	
9	
9:30	
10	
10:30	
11	
11:30	
12	
12:30	
13	
13:30	
14	
14:30	
15	
15:30	
16	
16:30	
17	
17:30	
18	
18:30	
19	
19:30	
20	
20:30	
21	
21:30	
22	
Meus erros	
Meus acertos	

Organize hoje amanhã
1
2
3

> Toda pedra no caminho, você pode retirar.
> *Titãs*

Agosto

7 sexta

Hora	
7	
7:30	
8	
8:30	
9	
9:30	
10	
10:30	
11	
11:30	
12	
12:30	
13	
13:30	
14	
14:30	
15	
15:30	
16	
16:30	
17	
17:30	
18	
18:30	
19	
19:30	
20	
20:30	
21	
21:30	
22	
Meus erros	
Meus acertos	

Organize hoje amanhã

1 ....
2 ....
3 ....

8
sábado

Agosto

> "Tente, e não diga que a vitória está perdida, se é de batalhas que se vive a vida."
> *Raul Seixas*

| 7 |
| 7:30 |
| 8 |
| 8:30 |
| 9 |
| 9:30 |
| 10 |
| 10:30 |
| 11 |
| 11:30 |
| 12 |
| 12:30 |
| 13 |
| 13:30 |
| 14 |
| 14:30 |
| 15 |
| 15:30 |
| 16 |
| 16:30 |
| 17 |
| 17:30 |
| 18 |
| 18:30 |
| 19 |
| 19:30 |
| 20 |
| 20:30 |
| 21 |
| 21:30 |
| 22 |
| Meus erros |
| Meus acertos |

Organize hoje amanhã
1
2
3

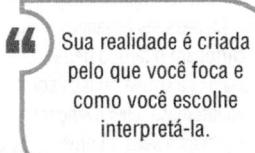

> "Sua realidade é criada pelo que você foca e como você escolhe interpretá-la."
> — Jen Sincero

Agosto

9 *domingo*

Hora	
7	
7:30	
8	
8:30	
9	
9:30	
10	
10:30	
11	
11:30	
12	
12:30	
13	
13:30	
14	
14:30	
15	
15:30	
16	
16:30	
17	
17:30	
18	
18:30	
19	
19:30	
20	
20:30	
21	
21:30	
22	
Meus erros	
Meus acertos	

Organize hoje amanhã
1.
2.
3.

10 segunda

Agosto

> "As pessoas proativas carregam o tempo dentre de si. Faça chuva ou faça sol, não interessa, elas avançam graças a seus valores."
> *Stephen Covey*

Hora	
7	
7:30	
8	
8:30	
9	
9:30	
10	
10:30	
11	
11:30	
12	
12:30	
13	
13:30	
14	
14:30	
15	
15:30	
16	
16:30	
17	
17:30	
18	
18:30	
19	
19:30	
20	
20:30	
21	
21:30	
22	

Meus erros

Meus acertos

Organize hoje amanhã
1
2
3

> Ninguém pode feri-lo sem seu consentimento.
> *Eleanor Roosevelt*

Agosto

11 terça

Hora	
7	
7:30	
8	
8:30	
9	
9:30	
10	
10:30	
11	
11:30	
12	
12:30	
13	
13:30	
14	
14:30	
15	
15:30	
16	
16:30	
17	
17:30	
18	
18:30	
19	
19:30	
20	
20:30	
21	
21:30	
22	
Meus erros	
Meus acertos	

Organize hoje amanhã
1.
2.
3.

12 quarta

Agosto

> "Todas as situações evoluem como devem evoluir, não importa quais sejam os nossos sentimentos a respeito."
> *Sharon Lebell*

- 7
- 7:30
- 8
- 8:30
- 9
- 9:30
- 10
- 10:30
- 11
- 11:30
- 12
- 12:30
- 13
- 13:30
- 14
- 14:30
- 15
- 15:30
- 16
- 16:30
- 17
- 17:30
- 18
- 18:30
- 19
- 19:30
- 20
- 20:30
- 21
- 21:30
- 22
- Meus erros
- Meus acertos

Organize hoje amanhã
1
2
3

> Quem pensa pouco, erra muito.
> *Leonardo Da Vinci*

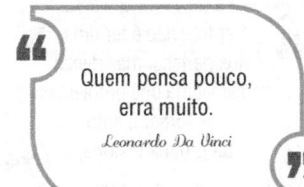

Agosto

13
quinta

Hora	
7	
7:30	
8	
8:30	
9	
9:30	
10	
10:30	
11	
11:30	
12	
12:30	
13	
13:30	
14	
14:30	
15	
15:30	
16	
16:30	
17	
17:30	
18	
18:30	
19	
19:30	
20	
20:30	
21	
21:30	
22	
Meus erros	
Meus acertos	

Organize hoje amanhã

1 ....
2 ....
3 ....

14
sexta

Agosto

> "Ser feliz não é ter uma vida perfeita, mas deixar de ser vítima dos problemas e se tornar o autor da própria história."
> *Abraham Lincoln*

7
7:30
8
8:30
9
9:30
10
10:30
11
11:30
12
12:30
13
13:30
14
14:30
15
15:30
16
16:30
17
17:30
18
18:30
19
19:30
20
20:30
21
21:30
22
Meus erros
Meus acertos

Organize hoje amanhã
1
2
3

> Quem quer agradar a todos não agrada a ninguém.
> Jean-Jacques Rousseau

Agosto

15 *sábado*

Hora	
7	
7:30	
8	
8:30	
9	
9:30	
10	
10:30	
11	
11:30	
12	
12:30	
13	
13:30	
14	
14:30	
15	
15:30	
16	
16:30	
17	
17:30	
18	
18:30	
19	
19:30	
20	
20:30	
21	
21:30	
22	

Meus erros

Meus acertos

Organize hoje amanhã
1
2
3

16
domingo

Agosto

> "O tempo cura o que a razão não consegue curar."
> — *Sêneca*

7
7:30
8
8:30
9
9:30
10
10:30
11
11:30
12
12:30
13
13:30
14
14:30
15
15:30
16
16:30
17
17:30
18
18:30
19
19:30
20
20:30
21
21:30
22
Meus erros
Meus acertos

Organize hoje amanhã
1
2
3

> "Hoje é do jeito que achou que seria?"
> *Oswaldo Montenegro*

Agosto

17
segunda

Hora	
7	
7:30	
8	
8:30	
9	
9:30	
10	
10:30	
11	
11:30	
12	
12:30	
13	
13:30	
14	
14:30	
15	
15:30	
16	
16:30	
17	
17:30	
18	
18:30	
19	
19:30	
20	
20:30	
21	
21:30	
22	
Meus erros	
Meus acertos	

Organize hoje amanhã

1 ....
2 ....
3 ....

18
terça

Agosto

> "O verdadeiro homem mede a sua força quando se defronta com o obstáculo."
> Antoine de Saint-Exupery

7
7:30
8
8:30
9
9:30
10
10:30
11
11:30
12
12:30
13
13:30
14
14:30
15
15:30
16
16:30
17
17:30
18
18:30
19
19:30
20
20:30
21
21:30
22
Meus erros
Meus acertos

Organize hoje amanhã
1 ....
2 ....
3 ....

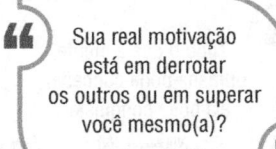

> "Sua real motivação está em derrotar os outros ou em superar você mesmo(a)?"
> *Rodrigo Padilha*

Agosto

19 *quarta*

Horário	
7	
7:30	
8	
8:30	
9	
9:30	
10	
10:30	
11	
11:30	
12	
12:30	
13	
13:30	
14	
14:30	
15	
15:30	
16	
16:30	
17	
17:30	
18	
18:30	
19	
19:30	
20	
20:30	
21	
21:30	
22	

Meus erros

Meus acertos

Organize hoje amanhã
1
2
3

20 quinta

Agosto

> "Tudo o que a mente humana pode conceber, ela pode conquistar."
> *Napoleon Hill*

7
7:30
8
8:30
9
9:30
10
10:30
11
11:30
12
12:30
13
13:30
14
14:30
15
15:30
16
16:30
17
17:30
18
18:30
19
19:30
20
20:30
21
21:30
22
Meus erros
Meus acertos

Organize hoje amanhã
1
2
3

> Que os vossos esforços desafiem as impossibilidades, lembrai-vos de que as grandes coisas do homem foram conquistadas do que parecia impossível.
> *Charles Chaplin*

Agosto

21 sexta

Hora	
7	
7:30	
8	
8:30	
9	
9:30	
10	
10:30	
11	
11:30	
12	
12:30	
13	
13:30	
14	
14:30	
15	
15:30	
16	
16:30	
17	
17:30	
18	
18:30	
19	
19:30	
20	
20:30	
21	
21:30	
22	

Meus erros

Meus acertos

Organize hoje amanhã
1 ....
2 ....
3 ....

22 sábado

Agosto

> "Nenhum projeto é viável se não começa a construir-se desde já: o futuro será o que começamos a fazer dele no presente."
>
> *Içami Tiba*

| 7 |
| 7:30 |
| 8 |
| 8:30 |
| 9 |
| 9:30 |
| 10 |
| 10:30 |
| 11 |
| 11:30 |
| 12 |
| 12:30 |
| 13 |
| 13:30 |
| 14 |
| 14:30 |
| 15 |
| 15:30 |
| 16 |
| 16:30 |
| 17 |
| 17:30 |
| 18 |
| 18:30 |
| 19 |
| 19:30 |
| 20 |
| 20:30 |
| 21 |
| 21:30 |
| 22 |
| Meus erros |
| Meus acertos |

Organize hoje amanhã

1.
2.
3.

> Não vale reclamar por não ter algo pelo qual você não se esforçou para alcançar.
> — Rodrigo Padilha

Agosto

23 *domingo*

7
7:30
8
8:30
9
9:30
10
10:30
11
11:30
12
12:30
13
13:30
14
14:30
15
15:30
16
16:30
17
17:30
18
18:30
19
19:30
20
20:30
21
21:30
22
Meus erros
Meus acertos

Organize hoje amanhã
1
2
3

24 segunda

Agosto

> "Todas as pessoas grandes foram um dia crianças – mas poucas se lembram disso."
> *O Pequeno Príncipe*

7
7:30
8
8:30
9
9:30
10
10:30
11
11:30
12
12:30
13
13:30
14
14:30
15
15:30
16
16:30
17
17:30
18
18:30
19
19:30
20
20:30
21
21:30
22
Meus erros
Meus acertos

Organize hoje amanhã
1
2
3

> "Eu não sou o que aconteceu comigo, eu sou o que eu escolhi e tornar."
> — Carl Jung

Agosto

25 terça

Horário	
7	
7:30	
8	
8:30	
9	
9:30	
10	
10:30	
11	
11:30	
12	
12:30	
13	
13:30	
14	
14:30	
15	
15:30	
16	
16:30	
17	
17:30	
18	
18:30	
19	
19:30	
20	
20:30	
21	
21:30	
22	
Meus erros	
Meus acertos	

Organize hoje amanhã
1 ....
2 ....
3 ....

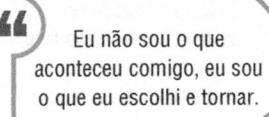

26 quarta

Agosto

> "Ninguém pode ser escravo de sua identidade: quando surge uma possibilidade de mudança é preciso mudar."
> *Elliot Gould*

7
7:30
8
8:30
9
9:30
10
10:30
11
11:30
12
12:30
13
13:30
14
14:30
15
15:30
16
16:30
17
17:30
18
18:30
19
19:30
20
20:30
21
21:30
22
Meus erros
Meus acertos

Organize hoje amanhã

1 ....
2 ....
3 ....

> "Vencer é nunca desistir."
> — Albert Einstein

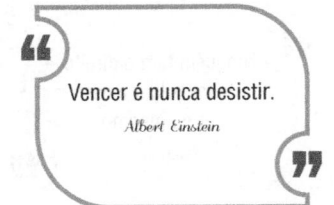

Agosto

27
quinta

- 7
- 7:30
- 8
- 8:30
- 9
- 9:30
- 10
- 10:30
- 11
- 11:30
- 12
- 12:30
- 13
- 13:30
- 14
- 14:30
- 15
- 15:30
- 16
- 16:30
- 17
- 17:30
- 18
- 18:30
- 19
- 19:30
- 20
- 20:30
- 21
- 21:30
- 22
- Meus erros
- Meus acertos

Organize hoje amanhã
1 ....
2 ....
3 ....

28 sexta

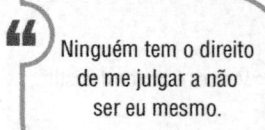

Agosto

> "Ninguém tem o direito de me julgar a não ser eu mesmo."
> *Raul Seixas*

7
7:30
8
8:30
9
9:30
10
10:30
11
11:30
12
12:30
13
13:30
14
14:30
15
15:30
16
16:30
17
17:30
18
18:30
19
19:30
20
20:30
21
21:30
22
Meus erros
Meus acertos

Organize hoje amanhã
1
2
3

> "A vida é para quem topa qualquer parada. Não para quem para em qualquer topada."
> *Bob Marley*

Agosto

29
sábado

7	
7:30	
8	
8:30	
9	
9:30	
10	
10:30	
11	
11:30	
12	
12:30	
13	
13:30	
14	
14:30	
15	
15:30	
16	
16:30	
17	
17:30	
18	
18:30	
19	
19:30	
20	
20:30	
21	
21:30	
22	

Meus erros

Meus acertos

Organize hoje amanhã
1.
2.
3.

30 domingo

Agosto

> "Motivo de arrependimento é não aprender com os próprios erros."
> — Renato Russo

7
7:30
8
8:30
9
9:30
10
10:30
11
11:30
12
12:30
13
13:30
14
14:30
15
15:30
16
16:30
17
17:30
18
18:30
19
19:30
20
20:30
21
21:30
22
Meus erros
Meus acertos

Organize hoje amanhã

1
2
3

> "Os únicos limites das nossas realizações de amanhã são as nossas dúvidas e hesitações de hoje."
> — Franklin Roosevelt

Agosto

31 *segunda*

7	
7:30	
8	
8:30	
9	
9:30	
10	
10:30	
11	
11:30	
12	
12:30	
13	
13:30	
14	
14:30	
15	
15:30	
16	
16:30	
17	
17:30	
18	
18:30	
19	
19:30	
20	
20:30	
21	
21:30	
22	
Meus erros	
Meus acertos	

Organize hoje amanhã
1.
2.
3.

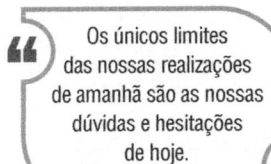

> "Concurso é uma jornada de médio/longo prazo e descansar faz parte do processo."
> *Gustavo Nogueira*

Revisão das metas
Agosto 2020

CUMPRIDAS

_____
_____
_____
_____
_____
_____
_____
_____

AINDA NÃO CUMPRIDAS

_____
_____
_____
_____
_____
_____
_____
_____

Agosto 2020

Qual a sua sensação a respeito das metas cumpridas? Como você se sente vendo-as alcançadas?

_____
_____
_____
_____
_____
_____
_____
_____
_____

Qual a sua sensação a respeito das metas não cumpridas? Como você se sente vendo-as não sendo alcançadas? Por quê você não conseguiu cumpri-las? O que você – e somente você – pode fazer para mudar isso?

_____
_____
_____
_____
_____
_____
_____
_____
_____
_____

Setembro

Setembro – 2020

SEMANA 1

To Do – tarefas

		3ªf. 01	4ªf. 02	5ªf. 03	6ªf. 04	Sáb. 05
Dom. 06	2ªf. 07	3ªf. 08	4ªf. 09	5ªf. 10	6ªf. 11	Sáb. 12
Dom. 13	2ªf. 14	3ªf. 15	4ªf. 16	5ªf. 17	6ªf. 18	Sáb. 19
Dom. 20	2ªf. 21	3ªf. 22	4ªf. 23	5ªf. 24	6ªf. 25	Sáb. 26
Dom. 27	2ªf. 28	3ªf. 29	4ªf. 30			

ACREDITAMOS NO PODER DO RABISCO!

Rabisque aqui tudo o que você quiser!

> "Você nunca receberá as mesmas recompensas que os outros recebem sem empregar os mesmos métodos que eles e fazer o mesmo investimento de tempo que fizeram."
> — Sharon Lebell

Setembro

1 terça

7	
7:30	
8	
8:30	
9	
9:30	
10	
10:30	
11	
11:30	
12	
12:30	
13	
13:30	
14	
14:30	
15	
15:30	
16	
16:30	
17	
17:30	
18	
18:30	
19	
19:30	
20	
20:30	
21	
21:30	
22	

Meus erros

Meus acertos

Organize hoje amanhã
1 ....
2 ....
3 ....

2
quarta

Setembro

> Você precisa resolver quais são suas prioridades maiores, e ter a coragem – de um modo educado, sorridente, mas sem se desculpar – para dizer não às outras coisas.
>
> *Stephen Covey*

7	
7:30	
8	
8:30	
9	
9:30	
10	
10:30	
11	
11:30	
12	
12:30	
13	
13:30	
14	
14:30	
15	
15:30	
16	
16:30	
17	
17:30	
18	
18:30	
19	
19:30	
20	
20:30	
21	
21:30	
22	
Meus erros	
Meus acertos	

Organize hoje amanhã

1 ....
2 ....
3 ....

> Se você quer muito alguma coisa e você que vai conseguir, então você vai.
> *Jen Sincero*

Setembro

3 quinta

7	
7:30	
8	
8:30	
9	
9:30	
10	
10:30	
11	
11:30	
12	
12:30	
13	
13:30	
14	
14:30	
15	
15:30	
16	
16:30	
17	
17:30	
18	
18:30	
19	
19:30	
20	
20:30	
21	
21:30	
22	
Meus erros	
Meus acertos	

Organize hoje amanhã
1 .....
2 .....
3 .....

4
sexta

Setembro

> "O tempo não para."
> *Cazuza*

7	
7:30	
8	
8:30	
9	
9:30	
10	
10:30	
11	
11:30	
12	
12:30	
13	
13:30	
14	
14:30	
15	
15:30	
16	
16:30	
17	
17:30	
18	
18:30	
19	
19:30	
20	
20:30	
21	
21:30	
22	
Meus erros	
Meus acertos	

Organize hoje amanhã

1.
2.
3.

> O homem sábio é aquele que não se entristece com as coisas que não tem, mas se rejubila com as que tem.
> *Epicteto*

Setembro

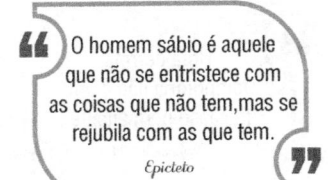

5 sábado

7	
7:30	
8	
8:30	
9	
9:30	
10	
10:30	
11	
11:30	
12	
12:30	
13	
13:30	
14	
14:30	
15	
15:30	
16	
16:30	
17	
17:30	
18	
18:30	
19	
19:30	
20	
20:30	
21	
21:30	
22	

Meus erros

Meus acertos

Organize hoje amanhã
1.
2.
3.

6 domingo

Setembro

> "Uma derrota temporária não é um fracasso permanente."
> *Napoleon Hill*

7
7:30
8
8:30
9
9:30
10
10:30
11
11:30
12
12:30
13
13:30
14
14:30
15
15:30
16
16:30
17
17:30
18
18:30
19
19:30
20
20:30
21
21:30
22
Meus erros
Meus acertos

Organize hoje amanhã
1
2
3

> "Nada é tão lamentável e nocivo como antecipar desgraças."
> *Sêneca*

Setembro

7
segunda

7	
7:30	
8	
8:30	
9	
9:30	
10	
10:30	
11	
11:30	
12	
12:30	
13	
13:30	
14	
14:30	
15	
15:30	
16	
16:30	
17	
17:30	
18	
18:30	
19	
19:30	
20	
20:30	
21	
21:30	
22	
Meus erros	
Meus acertos	

Organize hoje amanhã
1.
2.
3.

8
terça

Setembro

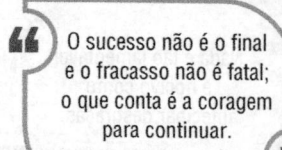

> O sucesso não é o final e o fracasso não é fatal; o que conta é a coragem para continuar.
> *Winston Churchill*

7	
7:30	
8	
8:30	
9	
9:30	
10	
10:30	
11	
11:30	
12	
12:30	
13	
13:30	
14	
14:30	
15	
15:30	
16	
16:30	
17	
17:30	
18	
18:30	
19	
19:30	
20	
20:30	
21	
21:30	
22	
Meus erros	
Meus acertos	

Organize hoje amanhã
1.
2.
3.

> O que importa não é o que acontece, mas como você reage.
> — Epicteto

Setembro

9
quarta

7	
7:30	
8	
8:30	
9	
9:30	
10	
10:30	
11	
11:30	
12	
12:30	
13	
13:30	
14	
14:30	
15	
15:30	
16	
16:30	
17	
17:30	
18	
18:30	
19	
19:30	
20	
20:30	
21	
21:30	
22	

Meus erros

Meus acertos

Organize hoje amanhã
1 ....
2 ....
3 ....

10 quinta

Setembro

> "Iniciativa é o que impele a pessoa a fazer o que é preciso sem ser necessário que alguém lhe mande."
> *Napoleon Hill*

7
7:30
8
8:30
9
9:30
10
10:30
11
11:30
12
12:30
13
13:30
14
14:30
15
15:30
16
16:30
17
17:30
18
18:30
19
19:30
20
20:30
21
21:30
22
Meus erros
Meus acertos

Organize hoje amanhã

1
2
3

> Focar não é apenas selecionar a coisa certa, mas também dizer não às coisas erradas.
> *Daniel Goleman*

Setembro

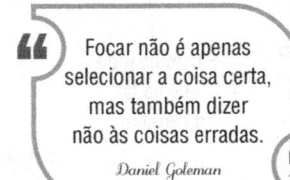

11 *sexta*

7	
7:30	
8	
8:30	
9	
9:30	
10	
10:30	
11	
11:30	
12	
12:30	
13	
13:30	
14	
14:30	
15	
15:30	
16	
16:30	
17	
17:30	
18	
18:30	
19	
19:30	
20	
20:30	
21	
21:30	
22	

Meus erros

Meus acertos

Organize hoje amanhã

1
2
3

12
sábado

Setembro

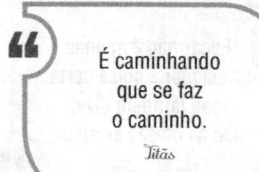

> "É caminhando que se faz o caminho."
> — Titãs

| 7 |
| 7:30 |
| 8 |
| 8:30 |
| 9 |
| 9:30 |
| 10 |
| 10:30 |
| 11 |
| 11:30 |
| 12 |
| 12:30 |
| 13 |
| 13:30 |
| 14 |
| 14:30 |
| 15 |
| 15:30 |
| 16 |
| 16:30 |
| 17 |
| 17:30 |
| 18 |
| 18:30 |
| 19 |
| 19:30 |
| 20 |
| 20:30 |
| 21 |
| 21:30 |
| 22 |
| Meus erros |
| Meus acertos |

Organize hoje amanhã
1.
2.
3.

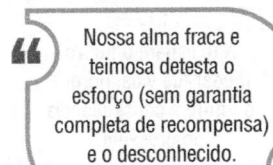

> Nossa alma fraca e teimosa detesta o esforço (sem garantia completa de recompensa) e o desconhecido.
>
> Sharon Lebell

Setembro

13 *domingo*

Horário	
7	
7:30	
8	
8:30	
9	
9:30	
10	
10:30	
11	
11:30	
12	
12:30	
13	
13:30	
14	
14:30	
15	
15:30	
16	
16:30	
17	
17:30	
18	
18:30	
19	
19:30	
20	
20:30	
21	
21:30	
22	
Meus erros	
Meus acertos	

Organize hoje amanhã

1. ....
2. ....
3. ....

14
segunda

Setembro

> "Não espere o futuro mudar tua vida, porque o futuro é consequência do presente."
> *Racionais MC's*

7
7:30
8
8:30
9
9:30
10
10:30
11
11:30
12
12:30
13
13:30
14
14:30
15
15:30
16
16:30
17
17:30
18
18:30
19
19:30
20
20:30
21
21:30
22

Meus erros

Meus acertos

Organize hoje amanhã
1
2
3

> É loucura odiar todas as rosas porque uma te espetou.
>
> *O Pequeno Príncipe*

Setembro

15
terça

7	
7:30	
8	
8:30	
9	
9:30	
10	
10:30	
11	
11:30	
12	
12:30	
13	
13:30	
14	
14:30	
15	
15:30	
16	
16:30	
17	
17:30	
18	
18:30	
19	
19:30	
20	
20:30	
21	
21:30	
22	
Meus erros	
Meus acertos	

Organize hoje amanhã

1 ....
2 ....
3 ....

16
quarta

Setembro

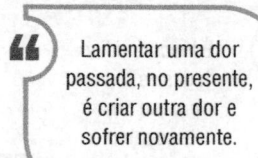

> "Lamentar uma dor passada, no presente, é criar outra dor e sofrer novamente."
> *William Shakespeare*

7	
7:30	
8	
8:30	
9	
9:30	
10	
10:30	
11	
11:30	
12	
12:30	
13	
13:30	
14	
14:30	
15	
15:30	
16	
16:30	
17	
17:30	
18	
18:30	
19	
19:30	
20	
20:30	
21	
21:30	
22	
Meus erros	
Meus acertos	

Organize hoje amanhã
1 ....
2 ....
3 ....

> Ação sempre gera inspiração. Inspiração raramente gera ação.
> *Frank Tibolt*

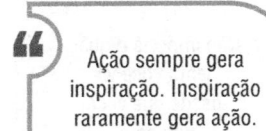

Setembro

17
quinta

7	
7:30	
8	
8:30	
9	
9:30	
10	
10:30	
11	
11:30	
12	
12:30	
13	
13:30	
14	
14:30	
15	
15:30	
16	
16:30	
17	
17:30	
18	
18:30	
19	
19:30	
20	
20:30	
21	
21:30	
22	
Meus erros	
Meus acertos	

Organize hoje amanhã
1
2
3

18
sexta

Setembro

> "Não importa o quão lento você vá desde que você não pare."
> — Confúcio

7	
7:30	
8	
8:30	
9	
9:30	
10	
10:30	
11	
11:30	
12	
12:30	
13	
13:30	
14	
14:30	
15	
15:30	
16	
16:30	
17	
17:30	
18	
18:30	
19	
19:30	
20	
20:30	
21	
21:30	
22	

Meus erros

Meus acertos

Organize hoje amanhã
1.
2.
3.

> A inspiração existe, porém temos que encontrá-la trabalhando.
> — Pablo Picasso

Setembro

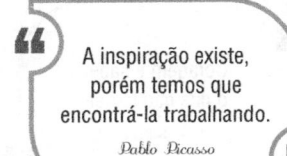

19
sábado

Horário	
7	
7:30	
8	
8:30	
9	
9:30	
10	
10:30	
11	
11:30	
12	
12:30	
13	
13:30	
14	
14:30	
15	
15:30	
16	
16:30	
17	
17:30	
18	
18:30	
19	
19:30	
20	
20:30	
21	
21:30	
22	

Meus erros

Meus acertos

Organize hoje amanhã

1.
2.
3.

20 domingo

Setembro

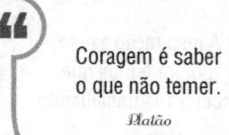

> "Coragem é saber o que não temer.
> — Platão

Hora	
7	
7:30	
8	
8:30	
9	
9:30	
10	
10:30	
11	
11:30	
12	
12:30	
13	
13:30	
14	
14:30	
15	
15:30	
16	
16:30	
17	
17:30	
18	
18:30	
19	
19:30	
20	
20:30	
21	
21:30	
22	
Meus erros	
Meus acertos	

Organize hoje amanhã
1
2
3

> "Descubra quem você é, e seja essa pessoa. A sua alma foi colocada nesse mundo para ser isso, então viva essa verdade e todo resto virá."
> *Ellen Degeneres*

Setembro

21
segunda

Hora	
7	
7:30	
8	
8:30	
9	
9:30	
10	
10:30	
11	
11:30	
12	
12:30	
13	
13:30	
14	
14:30	
15	
15:30	
16	
16:30	
17	
17:30	
18	
18:30	
19	
19:30	
20	
20:30	
21	
21:30	
22	

Meus erros

Meus acertos

Organize hoje amanhã
1 ....
2 ....
3 ....

22 terça

Setembro

> "Viver é acalentar sonhos e esperanças, fazendo da fé a nossa inspiração maior. É buscar nas pequenas coisas, um grande motivo para ser feliz."
> *Mario Quintana*

7
7:30
8
8:30
9
9:30
10
10:30
11
11:30
12
12:30
13
13:30
14
14:30
15
15:30
16
16:30
17
17:30
18
18:30
19
19:30
20
20:30
21
21:30
22
Meus erros
Meus acertos

Organize hoje amanhã
1
2
3

> "As conquistas dependem de 50% de inspiração, criatividade e sonhos, e 50% de disciplina, trabalho árduo e determinação. São duas pernas que devem caminhar juntas."
> *Augusto Cury*

Setembro 23
quarta

Hora	
7	
7:30	
8	
8:30	
9	
9:30	
10	
10:30	
11	
11:30	
12	
12:30	
13	
13:30	
14	
14:30	
15	
15:30	
16	
16:30	
17	
17:30	
18	
18:30	
19	
19:30	
20	
20:30	
21	
21:30	
22	
Meus erros	
Meus acertos	

Organize hoje amanhã
1.
2.
3.

24 quinta
Setembro

> "Geralmente aqueles que sabem pouco falam muito e aqueles que sabem muito falam pouco."
> — Jean-Jacques Rousseau

Horário	
7	
7:30	
8	
8:30	
9	
9:30	
10	
10:30	
11	
11:30	
12	
12:30	
13	
13:30	
14	
14:30	
15	
15:30	
16	
16:30	
17	
17:30	
18	
18:30	
19	
19:30	
20	
20:30	
21	
21:30	
22	

Meus erros

Meus acertos

Organize hoje amanhã
1 ....
2 ....
3 ....

> De hoje em diante todo dia vai ser o mais importante.
> *Legião Urbana*

Setembro

25
sexta

7	
7:30	
8	
8:30	
9	
9:30	
10	
10:30	
11	
11:30	
12	
12:30	
13	
13:30	
14	
14:30	
15	
15:30	
16	
16:30	
17	
17:30	
18	
18:30	
19	
19:30	
20	
20:30	
21	
21:30	
22	
Meus erros	
Meus acertos	

Organize hoje amanhã
1 ....
2 ....
3 ....

26
sábado

Setembro

> "Aos outros, dou o direito de ser como são. A mim, dou o dever de ser cada dia melhor."
> *Chico Xavier*

| 7 |
| 7:30 |
| 8 |
| 8:30 |
| 9 |
| 9:30 |
| 10 |
| 10:30 |
| 11 |
| 11:30 |
| 12 |
| 12:30 |
| 13 |
| 13:30 |
| 14 |
| 14:30 |
| 15 |
| 15:30 |
| 16 |
| 16:30 |
| 17 |
| 17:30 |
| 18 |
| 18:30 |
| 19 |
| 19:30 |
| 20 |
| 20:30 |
| 21 |
| 21:30 |
| 22 |
| Meus erros |
| Meus acertos |

Organize hoje amanhã

1 ....
2 ....
3 ....

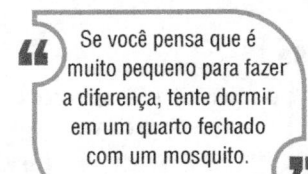

> Se você pensa que é muito pequeno para fazer a diferença, tente dormir em um quarto fechado com um mosquito.
>
> *Provérbio africano*

Setembro

27
domingo

7
7:30
8
8:30
9
9:30
10
10:30
11
11:30
12
12:30
13
13:30
14
14:30
15
15:30
16
16:30
17
17:30
18
18:30
19
19:30
20
20:30
21
21:30
22
Meus erros
Meus acertos

Organize hoje amanhã

1
2
3

28
segunda

Setembro

> "Quem deseja ver o arco-íris, precisa aprender a gostar da chuva."
> — Paulo Coelho

Hora	
7	
7:30	
8	
8:30	
9	
9:30	
10	
10:30	
11	
11:30	
12	
12:30	
13	
13:30	
14	
14:30	
15	
15:30	
16	
16:30	
17	
17:30	
18	
18:30	
19	
19:30	
20	
20:30	
21	
21:30	
22	
Meus erros	
Meus acertos	

Organize hoje amanhã

1.
2.
3.

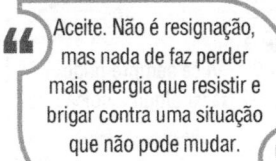

> Aceite. Não é resignação, mas nada de faz perder mais energia que resistir e brigar contra uma situação que não pode mudar.
> *Dalai Lama*

Setembro

29
terça

7	
7:30	
8	
8:30	
9	
9:30	
10	
10:30	
11	
11:30	
12	
12:30	
13	
13:30	
14	
14:30	
15	
15:30	
16	
16:30	
17	
17:30	
18	
18:30	
19	
19:30	
20	
20:30	
21	
21:30	
22	
Meus erros	
Meus acertos	

Organize hoje amanhã
1 ....
2 ....
3 ....

30 quarta

Setembro

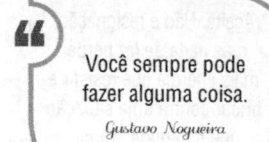

> "Você sempre pode fazer alguma coisa."
> *Gustavo Nogueira*

7
7:30
8
8:30
9
9:30
10
10:30
11
11:30
12
12:30
13
13:30
14
14:30
15
15:30
16
16:30
17
17:30
18
18:30
19
19:30
20
20:30
21
21:30
22
Meus erros
Meus acertos

Organize hoje amanhã
1
2
3

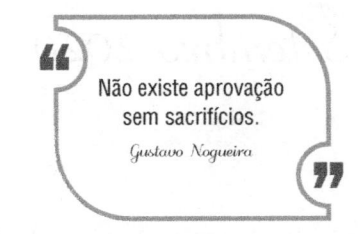

> "Não existe aprovação sem sacrifícios."
> *Gustavo Nogueira*

Revisão das metas
Setembro 2020

CUMPRIDAS

_____
_____
_____
_____
_____
_____
_____
_____
_____

AINDA NÃO CUMPRIDAS

_____
_____
_____
_____
_____
_____
_____
_____
_____

Setembro 2020

Qual a sua sensação a respeito das metas cumpridas? Como você se sente vendo-as alcançadas?

_____
_____
_____
_____
_____
_____
_____
_____

Qual a sua sensação a respeito das metas não cumpridas? Como você se sente vendo-as não sendo alcançadas? Por quê você não conseguiu cumpri-las? O que você – e somente você – pode fazer para mudar isso?

_____
_____
_____
_____
_____
_____
_____
_____

Outubro

Outubro – 2020

SEMANA 1

To Do – tarefas

				5ªf. 01	6ªf. 02	Sáb. 03
Dom. 04	2ªf. 05	3ªf. 06	4ªf. 07	5ªf. 08	6ªf. 09	Sáb. 10
Dom. 11	2ªf. 12	3ªf. 13	4ªf. 14	5ªf. 15	6ªf. 16	Sáb. 17
Dom. 18	2ªf. 19	3ªf. 20	4ªf. 21	5ªf. 22	6ªf. 23	Sáb. 24
Dom. 25	2ªf. 26	3ªf. 27	4ªf. 28	5ªf. 29	6ªf. 30	Sáb. 31

ACREDITAMOS NO PODER DO RABISCO!

Rabisque aqui tudo o que você quiser!

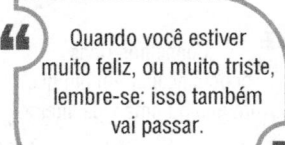

> "Quando você estiver muito feliz, ou muito triste, lembre-se: isso também vai passar."
> *Provérbio indiano*

Outubro

1
quinta

7	
7:30	
8	
8:30	
9	
9:30	
10	
10:30	
11	
11:30	
12	
12:30	
13	
13:30	
14	
14:30	
15	
15:30	
16	
16:30	
17	
17:30	
18	
18:30	
19	
19:30	
20	
20:30	
21	
21:30	
22	
Meus erros	
Meus acertos	

Organize hoje amanhã
1.
2.
3.

2
sexta

Outubro

> "Conselhos ruins podem acabar em um dia, um ano ou uma vida inteira."
> — *Jesus Cristo*

7	
7:30	
8	
8:30	
9	
9:30	
10	
10:30	
11	
11:30	
12	
12:30	
13	
13:30	
14	
14:30	
15	
15:30	
16	
16:30	
17	
17:30	
18	
18:30	
19	
19:30	
20	
20:30	
21	
21:30	
22	
Meus erros	
Meus acertos	

Organize hoje amanhã

1. ....
2. ....
3. ....

> Um homem pode ser destruído, mas não derrotado.
> — Ernest Hemingway

Outubro

3
sábado

7	
7:30	
8	
8:30	
9	
9:30	
10	
10:30	
11	
11:30	
12	
12:30	
13	
13:30	
14	
14:30	
15	
15:30	
16	
16:30	
17	
17:30	
18	
18:30	
19	
19:30	
20	
20:30	
21	
21:30	
22	
Meus erros	
Meus acertos	

Organize hoje amanhã
1 ....
2 ....
3 ....

4
domingo

Outubro

> "Toda reforma interior e toda mudança para melhor dependem exclusivamente da aplicação do nosso próprio esforço."
> — Immanuel Kant

- 7
- 7:30
- 8
- 8:30
- 9
- 9:30
- 10
- 10:30
- 11
- 11:30
- 12
- 12:30
- 13
- 13:30
- 14
- 14:30
- 15
- 15:30
- 16
- 16:30
- 17
- 17:30
- 18
- 18:30
- 19
- 19:30
- 20
- 20:30
- 21
- 21:30
- 22
- Meus erros
- Meus acertos

Organize hoje amanhã
1.
2.
3.

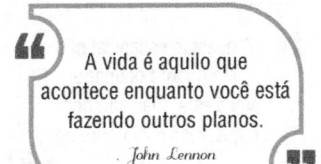

> "A vida é aquilo que acontece enquanto você está fazendo outros planos."
> — John Lennon

Outubro

5 segunda

7	
7:30	
8	
8:30	
9	
9:30	
10	
10:30	
11	
11:30	
12	
12:30	
13	
13:30	
14	
14:30	
15	
15:30	
16	
16:30	
17	
17:30	
18	
18:30	
19	
19:30	
20	
20:30	
21	
21:30	
22	
Meus erros	
Meus acertos	

Organize hoje amanhã
1. ....
2. ....
3. ....

6 terça

Outubro

> "A questão essencial não é o quanto ocupado você está, mas sim com o que você está ocupado."
> — Oprah Winfrey

7
7:30
8
8:30
9
9:30
10
10:30
11
11:30
12
12:30
13
13:30
14
14:30
15
15:30
16
16:30
17
17:30
18
18:30
19
19:30
20
20:30
21
21:30
22

Meus erros

Meus acertos

Organize hoje amanhã

1.
2.
3.

> O sol nasce para todos, só não sabe quem não quer.
> *Renato Russo*

Outubro

7
quarta

7	
7:30	
8	
8:30	
9	
9:30	
10	
10:30	
11	
11:30	
12	
12:30	
13	
13:30	
14	
14:30	
15	
15:30	
16	
16:30	
17	
17:30	
18	
18:30	
19	
19:30	
20	
20:30	
21	
21:30	
22	
Meus erros	
Meus acertos	

Organize hoje amanhã
1 ....
2 ....
3 ....

Outubro

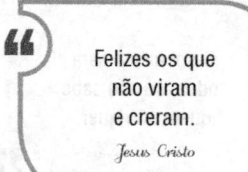

8 quinta

> "Felizes os que não viram e creram."
> *Jesus Cristo*

7
7:30
8
8:30
9
9:30
10
10:30
11
11:30
12
12:30
13
13:30
14
14:30
15
15:30
16
16:30
17
17:30
18
18:30
19
19:30
20
20:30
21
21:30
22
Meus erros
Meus acertos

Organize hoje amanhã
1
2
3

> Se o problema tem solução não esquente a cabeça, porque tem solução.
> Se o problema não tem solução, não esquente a cabeça, porque não tem solução.
>
> *Provérbio chinês*

Outubro

9 sexta

7	
7:30	
8	
8:30	
9	
9:30	
10	
10:30	
11	
11:30	
12	
12:30	
13	
13:30	
14	
14:30	
15	
15:30	
16	
16:30	
17	
17:30	
18	
18:30	
19	
19:30	
20	
20:30	
21	
21:30	
22	
Meus erros	
Meus acertos	

Organize hoje amanhã

1 ....
2 ....
3 ....

10
sábado

Outubro

> *Viver é melhor que sonhar.*
> — Belchior

Hora	
7	
7:30	
8	
8:30	
9	
9:30	
10	
10:30	
11	
11:30	
12	
12:30	
13	
13:30	
14	
14:30	
15	
15:30	
16	
16:30	
17	
17:30	
18	
18:30	
19	
19:30	
20	
20:30	
21	
21:30	
22	

Meus erros

Meus acertos

Organize hoje amanhã
1 ....
2 ....
3 ....

> Lágrimas não são argumentos.
> *Machado de Assis*

Outubro

11 *domingo*

Hora	
7	
7:30	
8	
8:30	
9	
9:30	
10	
10:30	
11	
11:30	
12	
12:30	
13	
13:30	
14	
14:30	
15	
15:30	
16	
16:30	
17	
17:30	
18	
18:30	
19	
19:30	
20	
20:30	
21	
21:30	
22	
Meus erros	
Meus acertos	

Organize hoje amanhã
1 ....
2 ....
3 ....

12
segunda

Outubro

> "Mude o modo que você olha para as coisas e as coisas que você olha mudarão."
> *Wayne Dyer*

7
7:30
8
8:30
9
9:30
10
10:30
11
11:30
12
12:30
13
13:30
14
14:30
15
15:30
16
16:30
17
17:30
18
18:30
19
19:30
20
20:30
21
21:30
22
Meus erros
Meus acertos

Organize hoje amanhã
1
2
3

> O caminho mais certo de vencer é tentar mais uma vez.
> *Thomas Edison*

Outubro

13
terça

7	
7:30	
8	
8:30	
9	
9:30	
10	
10:30	
11	
11:30	
12	
12:30	
13	
13:30	
14	
14:30	
15	
15:30	
16	
16:30	
17	
17:30	
18	
18:30	
19	
19:30	
20	
20:30	
21	
21:30	
22	
Meus erros	
Meus acertos	

Organize hoje amanhã
1
2
3

14
quarta

Outubro

> "Vamos lembrar: um livro, uma caneta, uma criança e um professor podem mudar o mundo."
>
> *Malala Yousafzai*

7
7:30
8
8:30
9
9:30
10
10:30
11
11:30
12
12:30
13
13:30
14
14:30
15
15:30
16
16:30
17
17:30
18
18:30
19
19:30
20
20:30
21
21:30
22
Meus erros
Meus acertos

Organize hoje amanhã

1 ....
2 ....
3 ....

> Vida é 10% o que acontece a você e 90% como você reage a isso
> *Charles Swindoll*

Outubro

15
quinta

Hora	
7	
7:30	
8	
8:30	
9	
9:30	
10	
10:30	
11	
11:30	
12	
12:30	
13	
13:30	
14	
14:30	
15	
15:30	
16	
16:30	
17	
17:30	
18	
18:30	
19	
19:30	
20	
20:30	
21	
21:30	
22	
Meus erros	
Meus acertos	

Organize hoje amanhã
1 ....
2 ....
3 ....

16
sexta

Outubro

> "Não existe nada de completamente errado no mundo. Mesmo um relógio parado consegue estar certo duas vezes ao dia."
> — Paulo Coelho

Horário	
7	
7:30	
8	
8:30	
9	
9:30	
10	
10:30	
11	
11:30	
12	
12:30	
13	
13:30	
14	
14:30	
15	
15:30	
16	
16:30	
17	
17:30	
18	
18:30	
19	
19:30	
20	
20:30	
21	
21:30	
22	
Meus erros	
Meus acertos	

Organize hoje amanhã

1 ....
2 ....
3 ....

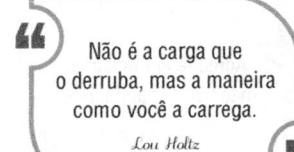

> "Não é a carga que o derruba, mas a maneira como você a carrega."
> — Lou Holtz

Outubro

17 sábado

Hora	
7	
7:30	
8	
8:30	
9	
9:30	
10	
10:30	
11	
11:30	
12	
12:30	
13	
13:30	
14	
14:30	
15	
15:30	
16	
16:30	
17	
17:30	
18	
18:30	
19	
19:30	
20	
20:30	
21	
21:30	
22	
Meus erros	
Meus acertos	

Organize hoje amanhã

1. ....
2. ....
3. ....

18 domingo

Outubro

> "Acredite em milagres, mas não dependa deles."
> *Immanuel Kant*

7
7:30
8
8:30
9
9:30
10
10:30
11
11:30
12
12:30
13
13:30
14
14:30
15
15:30
16
16:30
17
17:30
18
18:30
19
19:30
20
20:30
21
21:30
22
Meus erros
Meus acertos

Organize hoje amanhã

1 ....
2 ....
3 ....

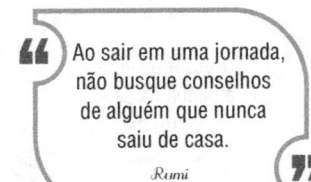

> Ao sair em uma jornada, não busque conselhos de alguém que nunca saiu de casa.
> *Rumi*

Outubro

19
segunda

7	
7:30	
8	
8:30	
9	
9:30	
10	
10:30	
11	
11:30	
12	
12:30	
13	
13:30	
14	
14:30	
15	
15:30	
16	
16:30	
17	
17:30	
18	
18:30	
19	
19:30	
20	
20:30	
21	
21:30	
22	
Meus erros	
Meus acertos	

Organize hoje amanhã
1 ....
2 ....
3 ....

20 terça

Outubro

> "Apesar de você, amanhã há de ser outro dia."
> — Chico Buarque

7
7:30
8
8:30
9
9:30
10
10:30
11
11:30
12
12:30
13
13:30
14
14:30
15
15:30
16
16:30
17
17:30
18
18:30
19
19:30
20
20:30
21
21:30
22

Meus erros
Meus acertos

Organize hoje amanhã
1
2
3

> Tenha o cuidado de não discutir de maneira displicente, sem seriedade, assuntos que lhe são relevantes com pessoas que não são importantes para você.
>
> *Sharon Lebell*

Outubro

21 *quarta*

Hora	
7	
7:30	
8	
8:30	
9	
9:30	
10	
10:30	
11	
11:30	
12	
12:30	
13	
13:30	
14	
14:30	
15	
15:30	
16	
16:30	
17	
17:30	
18	
18:30	
19	
19:30	
20	
20:30	
21	
21:30	
22	
Meus erros	
Meus acertos	

Organize hoje amanhã

1 ....
2 ....
3 ....

Outubro

22 *quinta*

> Saiba que são suas decisões, e não suas condições, que determinam seu destino.
> *Tony Robbins*

7
7:30
8
8:30
9
9:30
10
10:30
11
11:30
12
12:30
13
13:30
14
14:30
15
15:30
16
16:30
17
17:30
18
18:30
19
19:30
20
20:30
21
21:30
22
Meus erros
Meus acertos

Organize hoje amanhã
1
2
3

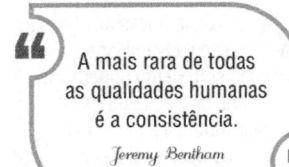

> A mais rara de todas as qualidades humanas é a consistência.
> *Jeremy Bentham*

Outubro

23
sexta

Hora	
7	
7:30	
8	
8:30	
9	
9:30	
10	
10:30	
11	
11:30	
12	
12:30	
13	
13:30	
14	
14:30	
15	
15:30	
16	
16:30	
17	
17:30	
18	
18:30	
19	
19:30	
20	
20:30	
21	
21:30	
22	
Meus erros	
Meus acertos	

Organize hoje amanhã
1.
2.
3.

24 sábado
Outubro

> Cada fracasso, cada adversidade, cada sofrimento podem ser uma bênção disfarçada, pois abranda a parte animal da nossa natureza.
> — Napoleon Hill

- 7
- 7:30
- 8
- 8:30
- 9
- 9:30
- 10
- 10:30
- 11
- 11:30
- 12
- 12:30
- 13
- 13:30
- 14
- 14:30
- 15
- 15:30
- 16
- 16:30
- 17
- 17:30
- 18
- 18:30
- 19
- 19:30
- 20
- 20:30
- 21
- 21:30
- 22
- Meus erros
- Meus acertos

Organize hoje amanhã
1
2
3

> Saber não basta; devemos aplicar. Desejar não basta; devemos fazer.
> *Goethe*

Outubro

25 *domingo*

Hora	
7	
7:30	
8	
8:30	
9	
9:30	
10	
10:30	
11	
11:30	
12	
12:30	
13	
13:30	
14	
14:30	
15	
15:30	
16	
16:30	
17	
17:30	
18	
18:30	
19	
19:30	
20	
20:30	
21	
21:30	
22	
Meus erros	
Meus acertos	

Organize hoje amanhã

1.
2.
3.

26
segunda

Outubro

> "Limitar nossa ambição é limitar nossas realizações."
> *Gary Kasparov*

7
7:30
8
8:30
9
9:30
10
10:30
11
11:30
12
12:30
13
13:30
14
14:30
15
15:30
16
16:30
17
17:30
18
18:30
19
19:30
20
20:30
21
21:30
22

Meus erros

Meus acertos

Organize hoje amanhã

1 ....
2 ....
3 ....

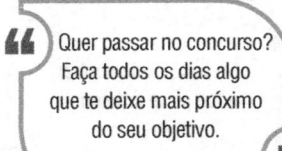

> Quer passar no concurso? Faça todos os dias algo que te deixe mais próximo do seu objetivo.
> *Gustavo Nogueira*

Outubro

27 terça

7	
7:30	
8	
8:30	
9	
9:30	
10	
10:30	
11	
11:30	
12	
12:30	
13	
13:30	
14	
14:30	
15	
15:30	
16	
16:30	
17	
17:30	
18	
18:30	
19	
19:30	
20	
20:30	
21	
21:30	
22	
Meus erros	
Meus acertos	

Organize hoje amanhã

1. ....
2. ....
3. ....

28 quarta

Outubro

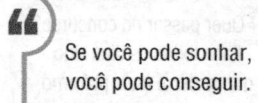

> *Se você pode sonhar, você pode conseguir.*
> — Zig Ziglar

Hora	
7	
7:30	
8	
8:30	
9	
9:30	
10	
10:30	
11	
11:30	
12	
12:30	
13	
13:30	
14	
14:30	
15	
15:30	
16	
16:30	
17	
17:30	
18	
18:30	
19	
19:30	
20	
20:30	
21	
21:30	
22	
Meus erros	
Meus acertos	

Organize hoje amanhã

1 ....
2 ....
3 ....

> **Não considere doloroso o que é bom para você.**
> *Eurípedes*

Outubro

29 *quinta*

7	
7:30	
8	
8:30	
9	
9:30	
10	
10:30	
11	
11:30	
12	
12:30	
13	
13:30	
14	
14:30	
15	
15:30	
16	
16:30	
17	
17:30	
18	
18:30	
19	
19:30	
20	
20:30	
21	
21:30	
22	
Meus erros	
Meus acertos	

Organize hoje amanhã
1
2
3

30
sexta

Outubro

> "As verdades podem ser nuas – mas as mentiras precisam estar vestidas."
> *Textos judaicos*

Hora	
7	
7:30	
8	
8:30	
9	
9:30	
10	
10:30	
11	
11:30	
12	
12:30	
13	
13:30	
14	
14:30	
15	
15:30	
16	
16:30	
17	
17:30	
18	
18:30	
19	
19:30	
20	
20:30	
21	
21:30	
22	
Meus erros	
Meus acertos	

Organize hoje amanhã

1.
2.
3.

> "O momento em que acreditamos que temos direito a alguma coisa é exatamente quando estamos prontos a perdê-la para outra pessoa que está lutando por ela com mais afinco."
> *Gary Kasparov*

Outubro

31
sábado

Hora	
7	
7:30	
8	
8:30	
9	
9:30	
10	
10:30	
11	
11:30	
12	
12:30	
13	
13:30	
14	
14:30	
15	
15:30	
16	
16:30	
17	
17:30	
18	
18:30	
19	
19:30	
20	
20:30	
21	
21:30	
22	

Meus erros

Meus acertos

Organize hoje amanhã
1 ....
2 ....
3 ....

> "Redes sociais não atrapalham a sua aprovação. O uso que você faz delas sim..."
> *Gustavo Nogueira*

Revisão das metas
Outubro 2020

CUMPRIDAS

_____
_____
_____
_____
_____
_____
_____
_____
_____

AINDA NÃO CUMPRIDAS

_____
_____
_____
_____
_____
_____
_____
_____
_____

Outubro 2020

Qual a sua sensação a respeito das metas cumpridas? Como você se sente vendo-as alcançadas?

_____
_____
_____
_____
_____
_____
_____
_____
_____
_____

Qual a sua sensação a respeito das metas não cumpridas? Como você se sente vendo-as não sendo alcançadas? Por quê você não conseguiu cumpri-las? O que você – e somente você – pode fazer para mudar isso?

_____
_____
_____
_____
_____
_____
_____
_____
_____
_____

Novembro

Novembro – 2020

SEMANA 1

To Do – tarefas

Dom. 01	2ªf. 02	3ªf. 03	4ªf. 04	5ªf. 05	6ªf. 06	Sáb. 07
Dom. 08	2ªf. 09	3ªf. 10	4ªf. 11	5ªf. 12	6ªf. 13	Sáb. 14
Dom. 15	2ªf. 16	3ªf. 17	4ªf. 18	5ªf. 19	6ªf. 20	Sáb. 21
Dom. 22	2ªf. 23	3ªf. 24	4ªf. 25	5ªf. 26	6ªf. 27	Sáb. 28
Dom. 29	2ªf. 30					

ACREDITAMOS NO PODER DO RABISCO!

Rabisque aqui tudo o que você quiser!

> O que a poluição é no plano exterior o negativismo é no plano interior.
> *Eckart Tolle*

Novembro

1 domingo

7	
7:30	
8	
8:30	
9	
9:30	
10	
10:30	
11	
11:30	
12	
12:30	
13	
13:30	
14	
14:30	
15	
15:30	
16	
16:30	
17	
17:30	
18	
18:30	
19	
19:30	
20	
20:30	
21	
21:30	
22	
Meus erros	
Meus acertos	

Organize hoje amanhã
1 ....
2 ....
3 ....

2
segunda

Novembro

> "Tudo tem um preço. Não é possível conseguir alguma coisa em troca de nada."
> *Napoleon Hill*

7	
7:30	
8	
8:30	
9	
9:30	
10	
10:30	
11	
11:30	
12	
12:30	
13	
13:30	
14	
14:30	
15	
15:30	
16	
16:30	
17	
17:30	
18	
18:30	
19	
19:30	
20	
20:30	
21	
21:30	
22	

Meus erros

Meus acertos

Organize hoje amanhã
1
2
3

> Foco é o que diferencia um especialista de um amador.
> *Daniel Goleman*

Novembro

3
terça

7	
7:30	
8	
8:30	
9	
9:30	
10	
10:30	
11	
11:30	
12	
12:30	
13	
13:30	
14	
14:30	
15	
15:30	
16	
16:30	
17	
17:30	
18	
18:30	
19	
19:30	
20	
20:30	
21	
21:30	
22	
Meus erros	
Meus acertos	

Organize hoje amanhã

1 ....
2 ....
3 ....

4 quarta
Novembro

> "A exposição inconsequente de sua intimidade é um desrespeito a você mesmo."
> *Sharon Lebell*

7
7:30
8
8:30
9
9:30
10
10:30
11
11:30
12
12:30
13
13:30
14
14:30
15
15:30
16
16:30
17
17:30
18
18:30
19
19:30
20
20:30
21
21:30
22
Meus erros
Meus acertos

Organize hoje amanhã
1
2
3

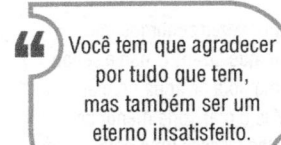

> Você tem que agradecer por tudo que tem, mas também ser um eterno insatisfeito.
> *Rodrigo Padilha*

Novembro

5 *quinta*

Horário	
7	
7:30	
8	
8:30	
9	
9:30	
10	
10:30	
11	
11:30	
12	
12:30	
13	
13:30	
14	
14:30	
15	
15:30	
16	
16:30	
17	
17:30	
18	
18:30	
19	
19:30	
20	
20:30	
21	
21:30	
22	

Meus erros

Meus acertos

Organize hoje amanhã
1 ....
2 ....
3 ....

6 sexta

Novembro

> Por vezes sentimos que aquilo que fazemos não é senão uma gota de água no mar. Mas o mar seria menor se lhe faltasse uma gota.
>
> *Madre Teresa de Calcutá*

7
7:30
8
8:30
9
9:30
10
10:30
11
11:30
12
12:30
13
13:30
14
14:30
15
15:30
16
16:30
17
17:30
18
18:30
19
19:30
20
20:30
21
21:30
22

Meus erros

Meus acertos

Organize hoje amanhã

1
2
3

> Eu acredito demais na sorte. E tenho constatado que, quanto mais duro eu trabalho, mais sorte eu tenho.
> — Coleman Cox

Novembro

7 sábado

7	
7:30	
8	
8:30	
9	
9:30	
10	
10:30	
11	
11:30	
12	
12:30	
13	
13:30	
14	
14:30	
15	
15:30	
16	
16:30	
17	
17:30	
18	
18:30	
19	
19:30	
20	
20:30	
21	
21:30	
22	
Meus erros	
Meus acertos	

Organize hoje amanhã
1 ....
2 ....
3 ....

8
domingo

Novembro

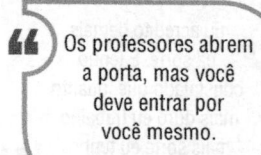

> Os professores abrem a porta, mas você deve entrar por você mesmo.
> *Provérbio chinês*

7	
7:30	
8	
8:30	
9	
9:30	
10	
10:30	
11	
11:30	
12	
12:30	
13	
13:30	
14	
14:30	
15	
15:30	
16	
16:30	
17	
17:30	
18	
18:30	
19	
19:30	
20	
20:30	
21	
21:30	
22	
Meus erros	
Meus acertos	

Organize hoje amanhã

1 ....
2 ....
3 ....

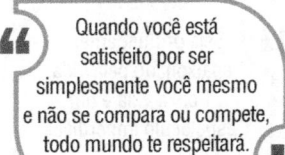

> Quando você está satisfeito por ser simplesmente você mesmo e não se compara ou compete, todo mundo te respeitará.
> — Lao-Tsé

Novembro

9 segunda

7	
7:30	
8	
8:30	
9	
9:30	
10	
10:30	
11	
11:30	
12	
12:30	
13	
13:30	
14	
14:30	
15	
15:30	
16	
16:30	
17	
17:30	
18	
18:30	
19	
19:30	
20	
20:30	
21	
21:30	
22	

Meus erros

Meus acertos

Organize hoje amanhã
1 ....
2 ....
3 ....

10 terça
Novembro

> "Seja profundamente apaixonado pela vida. Pois a vida é um espetáculo imperdível."
> *Augusto Cury*

Horário	
7	
7:30	
8	
8:30	
9	
9:30	
10	
10:30	
11	
11:30	
12	
12:30	
13	
13:30	
14	
14:30	
15	
15:30	
16	
16:30	
17	
17:30	
18	
18:30	
19	
19:30	
20	
20:30	
21	
21:30	
22	
Meus erros	
Meus acertos	

Organize hoje amanhã
1 ....
2 ....
3 ....

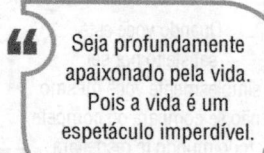

> A paz vem de dentro de você mesmo. Não a procure à sua volta.
> *Buda*

Novembro

11 *quarta*

7	
7:30	
8	
8:30	
9	
9:30	
10	
10:30	
11	
11:30	
12	
12:30	
13	
13:30	
14	
14:30	
15	
15:30	
16	
16:30	
17	
17:30	
18	
18:30	
19	
19:30	
20	
20:30	
21	
21:30	
22	
Meus erros	
Meus acertos	

Organize hoje amanhã

1 ....
2 ....
3 ....

12
quinta

Novembro

> "Realize seu sonho. Você mesmo vai ter de fazer isso... eu não posso acordar você. Você é quem pode se acordar."
> — John Lennon

7	
7:30	
8	
8:30	
9	
9:30	
10	
10:30	
11	
11:30	
12	
12:30	
13	
13:30	
14	
14:30	
15	
15:30	
16	
16:30	
17	
17:30	
18	
18:30	
19	
19:30	
20	
20:30	
21	
21:30	
22	
Meus erros	
Meus acertos	

Organize hoje amanhã
1.
2.
3.

> Volte teu rosto sempre na direção do sol, e então, as sombras ficarão para trás.
> *Sabedoria oriental*

Novembro

13 *sexta*

7
7:30
8
8:30
9
9:30
10
10:30
11
11:30
12
12:30
13
13:30
14
14:30
15
15:30
16
16:30
17
17:30
18
18:30
19
19:30
20
20:30
21
21:30
22
Meus erros
Meus acertos

Organize hoje amanhã
1
2
3

14
sábado

Novembro

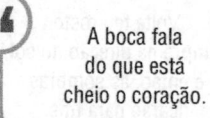

> "A boca fala do que está cheio o coração."
> *Jesus Cristo*

7
7:30
8
8:30
9
9:30
10
10:30
11
11:30
12
12:30
13
13:30
14
14:30
15
15:30
16
16:30
17
17:30
18
18:30
19
19:30
20
20:30
21
21:30
22

Meus erros
Meus acertos

Organize hoje amanhã
1
2
3

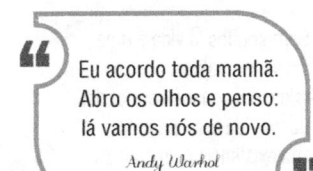

> Eu acordo toda manhã.
> Abro os olhos e penso:
> lá vamos nós de novo.
> *Andy Warhol*

Novembro

15
domingo

7	
7:30	
8	
8:30	
9	
9:30	
10	
10:30	
11	
11:30	
12	
12:30	
13	
13:30	
14	
14:30	
15	
15:30	
16	
16:30	
17	
17:30	
18	
18:30	
19	
19:30	
20	
20:30	
21	
21:30	
22	
Meus erros	
Meus acertos	

Organize hoje amanhã
1 ....
2 ....
3 ....

16
segunda

Novembro

> "Sem sonhos, a vida é uma manhã sem orvalhos, um céu sem estrelas, um oceano sem ondas, uma vida sem aventura, uma existência sem sentido."
>
> *Augusto Cury*

7
7:30
8
8:30
9
9:30
10
10:30
11
11:30
12
12:30
13
13:30
14
14:30
15
15:30
16
16:30
17
17:30
18
18:30
19
19:30
20
20:30
21
21:30
22
Meus erros
Meus acertos

Organize hoje amanhã

1
2
3

> Façamos da queda um passo de dança.
> *Fernando Sabino*

Novembro

17 *terça*

7
7:30
8
8:30
9
9:30
10
10:30
11
11:30
12
12:30
13
13:30
14
14:30
15
15:30
16
16:30
17
17:30
18
18:30
19
19:30
20
20:30
21
21:30
22
Meus erros
Meus acertos

Organize hoje amanhã
1
2
3

18
quarta

Novembro

> "Se você remover pedra por pedra até mesmo uma montanha será demolida."
> — *Provérbio hindu*

7	
7:30	
8	
8:30	
9	
9:30	
10	
10:30	
11	
11:30	
12	
12:30	
13	
13:30	
14	
14:30	
15	
15:30	
16	
16:30	
17	
17:30	
18	
18:30	
19	
19:30	
20	
20:30	
21	
21:30	
22	
Meus erros	
Meus acertos	

Organize hoje amanhã

1 ....
2 ....
3 ....

> "Digo verdadeiramente que, se o grão de trigo não cair na terra e não morrer, continuará ele só."
> — Jesus Cristo

Novembro

19 *quinta*

7	
7:30	
8	
8:30	
9	
9:30	
10	
10:30	
11	
11:30	
12	
12:30	
13	
13:30	
14	
14:30	
15	
15:30	
16	
16:30	
17	
17:30	
18	
18:30	
19	
19:30	
20	
20:30	
21	
21:30	
22	

Meus erros

Meus acertos

Organize hoje amanhã
1 ....
2 ....
3 ....

20 sexta

Novembro

> "A alegria evita mil males e prolonga a vida."
> *William Shakespeare*

Horário	
7	
7:30	
8	
8:30	
9	
9:30	
10	
10:30	
11	
11:30	
12	
12:30	
13	
13:30	
14	
14:30	
15	
15:30	
16	
16:30	
17	
17:30	
18	
18:30	
19	
19:30	
20	
20:30	
21	
21:30	
22	
Meus erros	
Meus acertos	

Organize hoje amanhã

1.
2.
3.

> O desperdício de tempo é uma violência.
> — Arun Ghandi

Novembro

21 *sábado*

7	
7:30	
8	
8:30	
9	
9:30	
10	
10:30	
11	
11:30	
12	
12:30	
13	
13:30	
14	
14:30	
15	
15:30	
16	
16:30	
17	
17:30	
18	
18:30	
19	
19:30	
20	
20:30	
21	
21:30	
22	
Meus erros	
Meus acertos	

Organize hoje amanhã
1 ....
2 ....
3 ....

22 domingo
Novembro

> "Tenho tudo para ser feliz, mas acontece que eu sou triste."
> — Vinicius de Moraes

7	
7:30	
8	
8:30	
9	
9:30	
10	
10:30	
11	
11:30	
12	
12:30	
13	
13:30	
14	
14:30	
15	
15:30	
16	
16:30	
17	
17:30	
18	
18:30	
19	
19:30	
20	
20:30	
21	
21:30	
22	
Meus erros	
Meus acertos	

Organize hoje amanhã
1.
2.
3.

> *Uma das causas do fracasso na vida é deixar para amanhã o que se pode fazer hoje, e depois fazê-lo apressadamente.*
> Sabedoria oriental

Novembro

23
segunda

7	
7:30	
8	
8:30	
9	
9:30	
10	
10:30	
11	
11:30	
12	
12:30	
13	
13:30	
14	
14:30	
15	
15:30	
16	
16:30	
17	
17:30	
18	
18:30	
19	
19:30	
20	
20:30	
21	
21:30	
22	

Meus erros

Meus acertos

Organize hoje amanhã
1 ....
2 ....
3 ....

24 terça
Novembro

> "Valor é tudo aquilo pelo qual alguém age para conseguir e/ou manter."
> *Ayn Rand*

Horário	
7	
7:30	
8	
8:30	
9	
9:30	
10	
10:30	
11	
11:30	
12	
12:30	
13	
13:30	
14	
14:30	
15	
15:30	
16	
16:30	
17	
17:30	
18	
18:30	
19	
19:30	
20	
20:30	
21	
21:30	
22	
Meus erros	
Meus acertos	

Organize hoje amanhã

1.
2.
3.

> "Os desafios mudam, mas eles nunca deixam de estar presentes em nossa rotina."
> *Rodrigo Padilha*

Novembro

25
quarta

7	
7:30	
8	
8:30	
9	
9:30	
10	
10:30	
11	
11:30	
12	
12:30	
13	
13:30	
14	
14:30	
15	
15:30	
16	
16:30	
17	
17:30	
18	
18:30	
19	
19:30	
20	
20:30	
21	
21:30	
22	
Meus erros	
Meus acertos	

Organize hoje amanhã

1. ....
2. ....
3. ....

26 quinta

Novembro

> "O exemplo vale mais do que tudo o que você possa falar."
> *Arri Coser*

7	
7:30	
8	
8:30	
9	
9:30	
10	
10:30	
11	
11:30	
12	
12:30	
13	
13:30	
14	
14:30	
15	
15:30	
16	
16:30	
17	
17:30	
18	
18:30	
19	
19:30	
20	
20:30	
21	
21:30	
22	
Meus erros	
Meus acertos	

Organize hoje amanhã

1.
2.
3.

> **Quantas coisas perdemos por medo de perder.**
> *Paulo Coelho*

Novembro

27
sexta

7	
7:30	
8	
8:30	
9	
9:30	
10	
10:30	
11	
11:30	
12	
12:30	
13	
13:30	
14	
14:30	
15	
15:30	
16	
16:30	
17	
17:30	
18	
18:30	
19	
19:30	
20	
20:30	
21	
21:30	
22	
Meus erros	
Meus acertos	

Organize hoje amanhã
1 ....
2 ....
3 ....

28
sábado

Novembro

> Se dê permissão para descansar se estiver em um momento no qual necessita e se dê permissão para agir se estiver em um momento de oportunidade.
>
> *Dalai Lama*

7
7:30
8
8:30
9
9:30
10
10:30
11
11:30
12
12:30
13
13:30
14
14:30
15
15:30
16
16:30
17
17:30
18
18:30
19
19:30
20
20:30
21
21:30
22
Meus erros
Meus acertos

Organize hoje amanhã
1
2
3

> Em tudo daí graças.
> *Jesus Cristo*

Novembro

29
domingo

Hora	
7	
7:30	
8	
8:30	
9	
9:30	
10	
10:30	
11	
11:30	
12	
12:30	
13	
13:30	
14	
14:30	
15	
15:30	
16	
16:30	
17	
17:30	
18	
18:30	
19	
19:30	
20	
20:30	
21	
21:30	
22	

Meus erros

Meus acertos

Organize hoje amanhã
1
2
3

30
segunda

Novembro

> "As dificuldades são como as montanhas. Elas só se aplainam quando avançamos sobre elas."
> *Provérbio japonês*

7
7:30
8
8:30
9
9:30
10
10:30
11
11:30
12
12:30
13
13:30
14
14:30
15
15:30
16
16:30
17
17:30
18
18:30
19
19:30
20
20:30
21
21:30
22
Meus erros
Meus acertos

Organize hoje amanhã
1
2
3

> "É você quem decide se seu dia será bom ou ruim. Escolha com sabedoria."
>
> *Gustavo Nogueira*

Revisão das metas
Novembro 2020

CUMPRIDAS

_____
_____
_____
_____
_____
_____
_____
_____
_____

AINDA NÃO CUMPRIDAS

_____
_____
_____
_____
_____
_____
_____
_____
_____
_____
_____

Novembro 2020

Qual a sua sensação a respeito das metas cumpridas? Como você se sente vendo-as alcançadas?

_____
_____
_____
_____
_____
_____
_____
_____

Qual a sua sensação a respeito das metas não cumpridas? Como você se sente vendo-as não sendo alcançadas? Por quê você não conseguiu cumpri-las? O que você – e somente você – pode fazer para mudar isso?

_____
_____
_____
_____
_____
_____
_____
_____

Dezembro

Dezembro – 2020

SEMANA 1

To Do – tarefas

		3ªf. 01	4ªf. 02	5ªf. 03	6ªf. 04	Sáb. 05
Dom. 06	2ªf. 07	3ªf. 08	4ªf. 09	5ªf. 10	6ªf. 11	Sáb. 12
Dom. 13	2ªf. 14	3ªf. 15	4ªf. 16	5ªf. 17	6ªf. 18	Sáb. 19
Dom. 20	2ªf. 21	3ªf. 22	4ªf. 23	5ªf. 24	6ªf. 25	Sáb. 26
Dom. 27	2ªf. 28	3ªf. 29	4ªf. 30	5ªf. 31		

ACREDITAMOS NO PODER DO RABISCO!

Rabisque aqui tudo o que você quiser!

> "A alegria de fazer o bem é a única felicidade verdadeira."
> — Leon Tolstói

Dezembro

1 terça

7	
7:30	
8	
8:30	
9	
9:30	
10	
10:30	
11	
11:30	
12	
12:30	
13	
13:30	
14	
14:30	
15	
15:30	
16	
16:30	
17	
17:30	
18	
18:30	
19	
19:30	
20	
20:30	
21	
21:30	
22	
Meus erros	
Meus acertos	

Organize hoje amanhã
1 ....
2 ....
3 ....

2
quarta

Dezembro

> "A cada novo dia, a cada momento, temos a nossa disposição a maravilhosa possibilidade do encontro, que traz em si infinitas oportunidades. Precisamos apenas estar atentos."
>
> *Paulo Coelho*

7
7:30
8
8:30
9
9:30
10
10:30
11
11:30
12
12:30
13
13:30
14
14:30
15
15:30
16
16:30
17
17:30
18
18:30
19
19:30
20
20:30
21
21:30
22
Meus erros
Meus acertos

Organize hoje amanhã
1
2
3

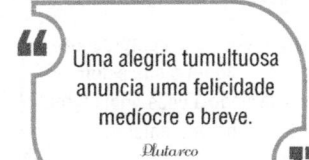

> Uma alegria tumultuosa anuncia uma felicidade medíocre e breve.
> *Plutarco*

Dezembro

3 quinta

7	
7:30	
8	
8:30	
9	
9:30	
10	
10:30	
11	
11:30	
12	
12:30	
13	
13:30	
14	
14:30	
15	
15:30	
16	
16:30	
17	
17:30	
18	
18:30	
19	
19:30	
20	
20:30	
21	
21:30	
22	
Meus erros	
Meus acertos	

Organize hoje amanhã
1.
2.
3.

4 sexta

Dezembro

> "Você não compreende agora o que estou fazendo a você; mais tarde, porém, entenderá."
> — Jesus Cristo

7	
7:30	
8	
8:30	
9	
9:30	
10	
10:30	
11	
11:30	
12	
12:30	
13	
13:30	
14	
14:30	
15	
15:30	
16	
16:30	
17	
17:30	
18	
18:30	
19	
19:30	
20	
20:30	
21	
21:30	
22	
Meus erros	
Meus acertos	

Organize hoje amanhã

1.
2.
3.

> De nada serve ao homem conquistar a Lua se acaba por perder a Terra.
> — François Mauriac

Dezembro

5 *sábado*

- 7
- 7:30
- 8
- 8:30
- 9
- 9:30
- 10
- 10:30
- 11
- 11:30
- 12
- 12:30
- 13
- 13:30
- 14
- 14:30
- 15
- 15:30
- 16
- 16:30
- 17
- 17:30
- 18
- 18:30
- 19
- 19:30
- 20
- 20:30
- 21
- 21:30
- 22
- Meus erros
- Meus acertos

Organize hoje amanhã
1.
2.
3.

6
domingo

Dezembro

> "As pessoas costumam dizer que a motivação não dura sempre. Bem, nem o efeito do banho, por isso recomenda-se diariamente."
>
> *Albert Einsten.*

7
7:30
8
8:30
9
9:30
10
10:30
11
11:30
12
12:30
13
13:30
14
14:30
15
15:30
16
16:30
17
17:30
18
18:30
19
19:30
20
20:30
21
21:30
22
Meus erros
Meus acertos

Organize hoje amanhã
1
2
3

> 1% sorte + 1% talento + 98% nunca desistir = 100% fórmula do sucesso.
> *Rodrigo Padilha*

Dezembro

7
segunda

7	
7:30	
8	
8:30	
9	
9:30	
10	
10:30	
11	
11:30	
12	
12:30	
13	
13:30	
14	
14:30	
15	
15:30	
16	
16:30	
17	
17:30	
18	
18:30	
19	
19:30	
20	
20:30	
21	
21:30	
22	
Meus erros	
Meus acertos	

Organize hoje amanhã
1 ....
2 ....
3 ....

8
terça

Dezembro

> "Um sonho é apenas um sonho. Um objetivo é um sonho com um plano e um prazo."
> — *Harvey Mackay*

Horário	
7	
7:30	
8	
8:30	
9	
9:30	
10	
10:30	
11	
11:30	
12	
12:30	
13	
13:30	
14	
14:30	
15	
15:30	
16	
16:30	
17	
17:30	
18	
18:30	
19	
19:30	
20	
20:30	
21	
21:30	
22	

Meus erros

Meus acertos

Organize hoje amanhã
1.
2.
3.

> Está dentro de nossa área de controle não sermos desapontados por nossos desejos se lidarmos com eles de acordo com os fatos em vez de nos deixarmos atropelar por eles.
> *Zzzzzz Aaaaaa*

Dezembro

9
quarta

Horário	
7	
7:30	
8	
8:30	
9	
9:30	
10	
10:30	
11	
11:30	
12	
12:30	
13	
13:30	
14	
14:30	
15	
15:30	
16	
16:30	
17	
17:30	
18	
18:30	
19	
19:30	
20	
20:30	
21	
21:30	
22	

Meus erros

Meus acertos

Organize hoje amanhã
1.
2.
3.

10 *quinta*

Dezembro

> "O ceticismo é um inimigo mortal do progresso e do desenvolvimento individual."
> *Napoleon Hill*

Horário	
7	
7:30	
8	
8:30	
9	
9:30	
10	
10:30	
11	
11:30	
12	
12:30	
13	
13:30	
14	
14:30	
15	
15:30	
16	
16:30	
17	
17:30	
18	
18:30	
19	
19:30	
20	
20:30	
21	
21:30	
22	
Meus erros	
Meus acertos	

Organize hoje amanhã
1.
2.
3.

> Estarmos alinhados com o que é significa estarmos numa relação de não-resistência interna com os acontecimentos. Isso corresponde a não rotular essa realidade mentalmente como boa nem má, e sim deixá-la ser o que é.
>
> *Eckart Tolle*

Dezembro

11
sexta

7

7:30

8

8:30

9

9:30

10

10:30

11

11:30

12

12:30

13

13:30

14

14:30

15

15:30

16

16:30

17

17:30

18

18:30

19

19:30

20

20:30

21

21:30

22

Meus erros

Meus acertos

Organize hoje amanhã

1

2

3

12 sábado
Dezembro

> Onde existe uma vontade, existe um caminho.
> *Provérbio inglês*

7
7:30
8
8:30
9
9:30
10
10:30
11
11:30
12
12:30
13
13:30
14
14:30
15
15:30
16
16:30
17
17:30
18
18:30
19
19:30
20
20:30
21
21:30
22
Meus erros
Meus acertos

Organize hoje amanhã
1
2
3

> Você não vai ter resultados excepcionais tendo comportamentos comuns.
> *Gustavo Nogueira*

Dezembro

13 *domingo*

7	
7:30	
8	
8:30	
9	
9:30	
10	
10:30	
11	
11:30	
12	
12:30	
13	
13:30	
14	
14:30	
15	
15:30	
16	
16:30	
17	
17:30	
18	
18:30	
19	
19:30	
20	
20:30	
21	
21:30	
22	

Meus erros

Meus acertos

Organize hoje amanhã
1
2
3

14 segunda

Dezembro

> "A opinião dos outros a nosso respeito só pode ter valor na medida em que determina ou pode ocasionalmente determinar a sua ação para conosco."
> — Arthur Schopenhauer

7	
7:30	
8	
8:30	
9	
9:30	
10	
10:30	
11	
11:30	
12	
12:30	
13	
13:30	
14	
14:30	
15	
15:30	
16	
16:30	
17	
17:30	
18	
18:30	
19	
19:30	
20	
20:30	
21	
21:30	
22	
Meus erros	
Meus acertos	

Organize hoje amanhã

1.
2.
3.

> "Não vim até aqui, para desistir agora."
> *Engenheiros do Hawaii*

Dezembro

15 terça

Horário	
7	
7:30	
8	
8:30	
9	
9:30	
10	
10:30	
11	
11:30	
12	
12:30	
13	
13:30	
14	
14:30	
15	
15:30	
16	
16:30	
17	
17:30	
18	
18:30	
19	
19:30	
20	
20:30	
21	
21:30	
22	
Meus erros	
Meus acertos	

Organize hoje amanhã
1.
2.
3.

16
quarta

Dezembro

> "Não se aferre às suas visões de como as coisas "deveriam" ser, porque elas farão com que você negligencie como elas realmente são."
> — Ray Dalio

7	
7:30	
8	
8:30	
9	
9:30	
10	
10:30	
11	
11:30	
12	
12:30	
13	
13:30	
14	
14:30	
15	
15:30	
16	
16:30	
17	
17:30	
18	
18:30	
19	
19:30	
20	
20:30	
21	
21:30	
22	
Meus erros	
Meus acertos	

Organize hoje amanhã
1.
2.
3.

> Seja sempre uma excelente versão de si mesmo, não uma cópia razoável de outra pessoa.
> *Judy Garland*

Dezembro

17 *quinta*

7	
7:30	
8	
8:30	
9	
9:30	
10	
10:30	
11	
11:30	
12	
12:30	
13	
13:30	
14	
14:30	
15	
15:30	
16	
16:30	
17	
17:30	
18	
18:30	
19	
19:30	
20	
20:30	
21	
21:30	
22	
Meus erros	
Meus acertos	

Organize hoje amanhã
1. ...
2. ...
3. ...

18 sexta — Dezembro

> "Pior que não terminar uma viagem é nunca partir."
> — Amyr Klink

7	
7:30	
8	
8:30	
9	
9:30	
10	
10:30	
11	
11:30	
12	
12:30	
13	
13:30	
14	
14:30	
15	
15:30	
16	
16:30	
17	
17:30	
18	
18:30	
19	
19:30	
20	
20:30	
21	
21:30	
22	

Meus erros

Meus acertos

Organize hoje amanhã
1
2
3

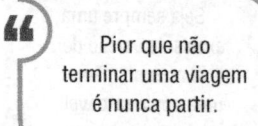

> "Persistir na raiva é como apanhar um pedaço de carvão quente com a intenção de o atirar em alguém. É sempre quem levanta a pedra que se queima."
> — *Buda*

Dezembro

19 *sábado*

7	
7:30	
8	
8:30	
9	
9:30	
10	
10:30	
11	
11:30	
12	
12:30	
13	
13:30	
14	
14:30	
15	
15:30	
16	
16:30	
17	
17:30	
18	
18:30	
19	
19:30	
20	
20:30	
21	
21:30	
22	
Meus erros	
Meus acertos	

Organize hoje amanhã
1 ....
2 ....
3 ....

20 domingo
Dezembro

> "O mundo é um livro, e quem fica sentado em casa lê somente uma página."
> Santo Agostinho

7
7:30
8
8:30
9
9:30
10
10:30
11
11:30
12
12:30
13
13:30
14
14:30
15
15:30
16
16:30
17
17:30
18
18:30
19
19:30
20
20:30
21
21:30
22
Meus erros
Meus acertos

Organize hoje amanhã
1
2
3

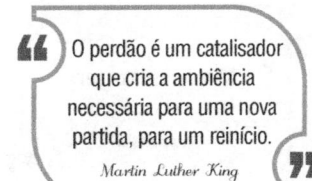

> O perdão é um catalisador que cria a ambiência necessária para uma nova partida, para um reinício.
> *Martin Luther King*

Dezembro

21 *segunda*

7
7:30
8
8:30
9
9:30
10
10:30
11
11:30
12
12:30
13
13:30
14
14:30
15
15:30
16
16:30
17
17:30
18
18:30
19
19:30
20
20:30
21
21:30
22
Meus erros
Meus acertos

Organize hoje amanhã
1
2
3

22 terça

Dezembro

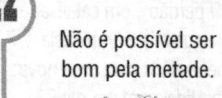

> "Não é possível ser bom pela metade."
> — Leon Tolstói

Hora	
7	
7:30	
8	
8:30	
9	
9:30	
10	
10:30	
11	
11:30	
12	
12:30	
13	
13:30	
14	
14:30	
15	
15:30	
16	
16:30	
17	
17:30	
18	
18:30	
19	
19:30	
20	
20:30	
21	
21:30	
22	

Meus erros

Meus acertos

Organize hoje amanhã
1.
2.
3.

> "Você pode adiar, mas o tempo não posterga."
> *Benjamin Franklin*

Dezembro

23
quarta

Hora	
7	
7:30	
8	
8:30	
9	
9:30	
10	
10:30	
11	
11:30	
12	
12:30	
13	
13:30	
14	
14:30	
15	
15:30	
16	
16:30	
17	
17:30	
18	
18:30	
19	
19:30	
20	
20:30	
21	
21:30	
22	
Meus erros	
Meus acertos	

Organize hoje amanhã
1 ....
2 ....
3 ....

24 quinta
Dezembro

> "A força não provém da capacidade física. Provém de uma vontade indomável"
> — Ghandi

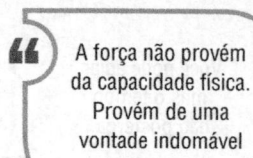

Hora	
7	
7:30	
8	
8:30	
9	
9:30	
10	
10:30	
11	
11:30	
12	
12:30	
13	
13:30	
14	
14:30	
15	
15:30	
16	
16:30	
17	
17:30	
18	
18:30	
19	
19:30	
20	
20:30	
21	
21:30	
22	

Meus erros

Meus acertos

Organize hoje amanhã
1 ....
2 ....
3 ....

> Não encontro defeitos. Encontro soluções. Qualquer um sabe queixar-se.
> *Henry Ford*

Dezembro

25 sexta

7	
7:30	
8	
8:30	
9	
9:30	
10	
10:30	
11	
11:30	
12	
12:30	
13	
13:30	
14	
14:30	
15	
15:30	
16	
16:30	
17	
17:30	
18	
18:30	
19	
19:30	
20	
20:30	
21	
21:30	
22	
Meus erros	
Meus acertos	

Organize hoje amanhã
1.
2.
3.

26
sábado

Dezembro

> "O sonho é a satisfação de que o desejo se realize."
> — Sigmund Freud

Hora
7
7:30
8
8:30
9
9:30
10
10:30
11
11:30
12
12:30
13
13:30
14
14:30
15
15:30
16
16:30
17
17:30
18
18:30
19
19:30
20
20:30
21
21:30
22
Meus erros
Meus acertos

Organize hoje amanhã
1
2
3

> Viver significa lutar.
> *Sêneca*

Dezembro

27 *domingo*

Hora	
7	
7:30	
8	
8:30	
9	
9:30	
10	
10:30	
11	
11:30	
12	
12:30	
13	
13:30	
14	
14:30	
15	
15:30	
16	
16:30	
17	
17:30	
18	
18:30	
19	
19:30	
20	
20:30	
21	
21:30	
22	
Meus erros	
Meus acertos	

Organize hoje amanhã
1.
2.
3.

28
segunda

Dezembro

> "De que me adianta temer o que já aconteceu? O tempo do medo já aconteceu, agora, começa o tempo da esperança."
> — Paulo Coelho

Hora	
7	
7:30	
8	
8:30	
9	
9:30	
10	
10:30	
11	
11:30	
12	
12:30	
13	
13:30	
14	
14:30	
15	
15:30	
16	
16:30	
17	
17:30	
18	
18:30	
19	
19:30	
20	
20:30	
21	
21:30	
22	
Meus erros	
Meus acertos	

Organize hoje amanhã
1
2
3

> Se você faz o que todo mundo faz, chega aonde todos chegam. Se você quer chegar aonde a maioria não chega, precisa fazer algo que a maioria não faz.
> — *Robert Shinyashiki*

Dezembro

29
terça

Hora	
7	
7:30	
8	
8:30	
9	
9:30	
10	
10:30	
11	
11:30	
12	
12:30	
13	
13:30	
14	
14:30	
15	
15:30	
16	
16:30	
17	
17:30	
18	
18:30	
19	
19:30	
20	
20:30	
21	
21:30	
22	
Meus erros	
Meus acertos	

Organize hoje amanhã
1 ....
2 ....
3 ....

30 quarta

Dezembro

> "Nada é permanente nesse mundo cruel. Nem mesmo os problemas."
> — Charles Chaplin

Horário	
7	
7:30	
8	
8:30	
9	
9:30	
10	
10:30	
11	
11:30	
12	
12:30	
13	
13:30	
14	
14:30	
15	
15:30	
16	
16:30	
17	
17:30	
18	
18:30	
19	
19:30	
20	
20:30	
21	
21:30	
22	

Meus erros

Meus acertos

Organize hoje amanhã
1
2
3

> Transportai um punhado de terra todos os dias e fareis uma montanha.
> — *Confúcio*

Dezembro

31 quinta

Hora	
7	
7:30	
8	
8:30	
9	
9:30	
10	
10:30	
11	
11:30	
12	
12:30	
13	
13:30	
14	
14:30	
15	
15:30	
16	
16:30	
17	
17:30	
18	
18:30	
19	
19:30	
20	
20:30	
21	
21:30	
22	

Meus erros

Meus acertos

Organize hoje amanhã
1 ....
2 ....
3 ....

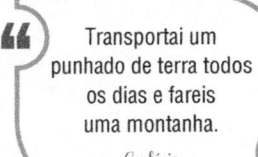

> "A reprovação é uma aprovação em processo de amadurecimento."
> *Gustavo Nogueira*

Revisão das metas
Dezembro 2020

CUMPRIDAS

AINDA NÃO CUMPRIDAS

Dezembro 2020

Qual a sua sensação a respeito das metas cumpridas? Como você se sente vendo-as alcançadas?

_____
_____
_____
_____
_____
_____
_____
_____
_____

Qual a sua sensação a respeito das metas não cumpridas? Como você se sente vendo-as não sendo alcançadas? Por quê você não conseguiu cumpri-las? O que você – e somente você – pode fazer para mudar isso?

_____
_____
_____
_____
_____
_____
_____
_____
_____